Die Maharadschas

KÖNIGLICHES SCHWERT. *Der Rajpute verehrt sein Pferd, sein Schwert und die Sonne und hört mehr auf das Kriegslied des Barden als auf die Litanei des Brahmanen.*

Lt. Col. James Tod, *Annals and Antiquities of Radschasthan*, 1829

Die Kammer der
Maharadschas, Radschas

Von links, sitzend: • Radscha von Jhabua • Maharadscha von Rajpipla • Maharao von Kutch • Maharadscha von Nava Nagar • Maharadscha von Patiala • Maharadscha von Kolhapur • Maharadscha von Alwar • Vizekönig Lord Irwin • Maharao von Kota • Maharadscha von Kaschmir • Mir von Khairpur • Maharao von Bundi • Maharadscha von Datia • Maharadscha von Porbandar • Maharadscha von Dholpur • **Stehend erste Reihe:** • Radscha von Sitamau • Radscha von Suket • Thakur von Limbdi • Maharadscha von Kapurthala • Maharadscha von Bikaner • Maharadscha von Kishangarh • Nawab von Malerkotla • nicht identifiziert • nicht identifiziert • Nawab von Bhopal • **Zweite Reihe:** • Radscha von Narsinhagarh • Thakur von Rajkot •

Prinzen 1927–1928
und Nawabs in Indien

Adjutant des Vizekönigs • Radscha von Kalsia • nicht identifiziert • nicht identifiziert • Radscha von Wankaner • nicht identifiziert • Nawab von Loharu • Maharadscha von Gondal • Pandit Bhor • Radscha von Bhor • Maharaj Rana von Jhalawar • nicht identifiziert • **Dritte Reihe:** • Bruder des Maharawal Dungarpur • Maharadscha Kumar Sitamau • Maharawal von Banswara • nicht identifiziert • nicht identifiziert • Maharadscha von Tehri Garhwal • Radscha von Ayal • Maharadscha von Rewa • Maharadscha von Jodhpur • Maharadscha von Pana • Radscha von Lunawada • Maharawal von Dungapur • Maharadscha von Danta • Radscha von Sikkim • Kronprinz Kota • Radscha von Sailana • Maharadscha von Nabha • Adjutant des Vizekönigs.

Die Maharadschas
und die indischen Fürstenstaaten

KOMET

△ GAJ SINGH II MIT SEINER ENGLISCHEN GOUVERNANTE LUCY MARTIN bei seiner Krönung zum Maharadscha von Jodhpur im Alter von vier Jahren.

◁ DIE JODHPUR FAMILIE. Maharadscha Gaj Singh II mit seiner Mutter, der Rajmata; Maharani Hemlata Rajye, die ihrem Gatten bei seinen karitativen Tätigkeiten hilft; ihre Tochter Shivranjani, die Archäologie und Ethnologie in Cambridge studierte, und ihr Sohn Shivraj, dessen Interessenschwerpunkt im Bereich Wirtschaft und Finanzen liegt.

Vorwort

ARVIND SINGH MEWAR

❖

Text

SHARADA DWIVEDI

◁◁ DIE DURBAR-HALLE IM PALAST VON UDAIPUR ist nach dem Maharana Fateh Singh benannt. Eine besondere Audienz wurde im Fateh-Prakash-Saal für den Prinzen und die Prinzessin von Wales (später König Georg V. und Königin Mary) abgehalten, als sie 1905 Udaipur besuchten. Sir Stanley Reed, der spätere Chefredakteur der *Times of India,* berichtete: *»Die Adligen sahen prächtig aus in ihren kostbaren Gewändern, und die gleißende Mittagssonne flutete durch die Eingangshalle und durch den Mittelgang, an dem die Beamten und die Oberhäupter der Klans Spalier standen bis hin zum Sitz seiner Königlichen Hoheit mit dem Maharana zu seiner Linken, und das Licht ließ die Seiden, die Satins und die Juwelen buchstäblich funkeln.«*

MINIATURMALEREI AUS JODHPUR IM MARWAR-STIL. Literatur, Malerei, Musik und Tanz blühten an den Höfen von Radschasthan, ▷ besonders seit dem 18. Jahrhundert dank des freigiebigen Mäzenatentums der Fürsten. Ausgeprägte Stile der Miniaturmalerei entwickelten sich in den verschiedenen Staaten Radschasthans. Die berühmtesten sind die von Mewar, Jodhpur, Bundi, Jaipur, Bikaner und Kishengarh. Die Herrscher und die Aristokratie gaben Bilder und Porträts in Auftrag, die klassische Literatur illustrierten, und um besondere Ereignisse zur Erinnerung festzuhalten.

Fotos

AMIT PASRICHA
DHEERAJ PAUL
KAROKI LEWIS
JEAN LOUIS NOU
PRAMOD KAPOOR
RAJPAL SINGH

❖

Übersetzung aus dem Englischen

DAGMAR BERNSTORFF

❖

Konzeption und Layout

PRAMOD KAPOOR

◁◁ DIE FESTUNG JAISALMER. Die Zeremonien zur Grundsteinlegung der indischen Festungen folgte den Prinzipien des *Vastushastra*, der alten indischen Wissenschaft der Architektur. Der glückverheißende Augenblick für das Ereignis wurde nach eingehenden Konsultationen mit dem Hofastrologen festgelegt, der zunächst das Horoskop sowohl des Maharadschas wie auch des Gebäudes erstellte und dann den genauen Zeitpunkt für die Zeremonie bestimmte. Bei diesen Feierlichkeiten wurden früher freiwillige Menschenopfer dargebracht. Eine Legende besagt, dass die Göttin Kul Devi bei der Grundsteinlegung der Meherangarh-Festung erschien. Als sie ihre Hand nach dem Stein ausstreckte, schlug sich der *Raj Purohit,* der Hofpriester, selbst den Kopf ab und legte ihn auf ihre Handfläche. Die uneinnehmbare und ehrfurchtgebietende Festung in Jaisalmer aus dem 17. Jahrhundert, die den Trikuta-Hügel dominiert, hat 99 Bastionen und ist aus gewaltigen ineinander verschränkten Blöcken aus örtlichem gelbem Sandstein gebaut. Das massive Fort inspirierte den international bekannten Filmregisseur Satyajit Ray zu seinem unvergesslichen Film *Sonar Kellar* (Das Goldene Fort).

◁ MAHARANI GAYATRI DEVI. Maharani Gayatri Devis Liebe zu Pferden begann in der Kindheit, als sie lernte, ihr Pony zu reiten, angeleitet von Nawab Khusru Jung, einem Adligen aus Haiderabad. Jeden Morgen ritt Ayesha (wie sie von ihrer Familie und ihren Freunden genannt wurde) mit ihren Brüdern und Schwestern durch die Stadt von Cooch Behar zum Reitunterricht auf dem Poloplatz. Die engagierte Förderung von Pferderennen und Polo sollte einst das Leben der kleinen Prinzessin bestimmen. Als 1934 der junge Maharadscha von Jaipur zu Gast im »Woodlands«, der Residenz der Familie in Kalkutta, war, sah die 12-jährige Prinzessin ihn in seinem eleganten grünen Rolls-Royce ankommen, begleitet von 60 schönen Polo-Ponys und seinen Reitknechten in bunten Turbanen und sie verliebte sich sofort in ihn. Sie hoffte, sein Reitknecht zu werden, doch sie wurde stattdessen im Jahre 1940 seine dritte Maharani.

Danksagung

S.H. Nawab Iqbal Muhammed Khan von Palanpur
Maharajkumar (Yuvraj) Shatrujit Deo von Dhrangadhara (Bapa)
Maharana Mahendra Singh von Udaipur
Shriji Arvind Singh und Maharadscha Kumar Lakhyaraj Singh von Udaipur
Maharajkumari Harshadkumari (Jija) von Jamnagar
Maharajkumari Shreekumari von Banswara, Prinzessin von Kishengarh
Maharadscha Pratap Singh von Wankaner
Maharadscha Amarinder Singh von Patiala
Maharadscha Brigadier Sukhjit Singh von Kapurthala
Maharadscha Madhavrao Scindia von Gwalior
Rani Viyayadevi Kotda-Sangani, Prinzessin von Mysore
S.H. Gaj Singh von Jodhpur
S.H. Dr. Karan Singh von Jammu und Kaschmir
S.H. Vishvendra Prasad von Bharatpur
S.H. Brajraj Singh von Kishengarh
S.H. Krishen Chander Pal von Karauli
Nawab Syed Mohammed Razim Ali Khan von Rampur
Thakur Raji Singh
Thakur Rajendra Singh
Kumar Dalpat Singh
Gen. Lt. K. Chiman Singh
Kishore und Pushpita Singh
Charles Allen für die Erlaubnis, aus Interviews
in *Lives of the Indian Princes* zu zitieren
Anjula Bedi
Shalinidevi Holkar
Farooq Issa von den *Phillips Antiques*
Bombay University Library
Asiatic Society Library

◁◁ DER PICHHOLA-SEE IN UDAIPUR MIT DEM STADTPALAST UND DEM SCHEINBAR SCHWIMMENDEN LAKE PALACE: Maharana Jagat II. stritt sich einst mit seinem Vater wegen dessen Verbots, Mondscheinpicknicks auf der Insel Jag Mandir zu veranstalten. »Bau deinen eigenen Palast«, sagte der Vater, und so tat es der Sohn. 1746 vollendete der Maharana den atemberaubend schönen Palast Jag Niwas – den Lake Palace – auf einer zwei Hektar großen Insel in der Nähe des nördlichen Ufers des Pichhola-Sees, der wie eine ätherische weiße Lilie auf dem stillen Wasser schwebt und heute eines der romantischsten Hotels der Welt ist. Nach Osten blickt man auf den riesigen Stadtpalast.

BEGUM YASEEN ALI KHAN VON RAMPUR. Die Nawab-Familie von Rampur sind Rohilla-Pathanen, die aus Rohel in der Region zwischen Afghanistan und Peshawar stammen. Sie kamen einst im späten 17. Jahrhundert als Plünderer nach Indien und eroberten das Gebiet um Rohilkhand, Pilibit und Badayun. Als sie in der Schlacht von Dijhora gegen den Nawab von Avadh kämpften, schlugen die Briten sich auf die Seite der Letzteren. Das gesamte Territorium der Nawabs wurde ihnen abgenommen außer der unmittelbaren Umgebung von Rampur. Im Absetzungsverfahren gegen Generalgouverneur Warren Hastings richtete sich einer der Anklagepunkte gegen die Annexion des Rampur-Gebietes trotz der kontinuierlichen Unterstützung der Nawabs durch die Briten. ▷

DIE KÖNIGLICHE FAMILIE VON UDAIPUR. Im Uhrzeigersinn von links oben: Maharana Amar Singh, Maharana Bhagwat Singh, sein jüngerer Sohn, Shri Arvind Singh und dessen Sohn, Maharajkumar Lakhyaraj Singh. Die Maharanas von Mewar gehören zur Sisodia-Sekte des Suryavanshi-Gehlot-Klans und waren die nominellen Oberhäupter der 36 Rajputklans. Die Dynastie wurde von dem gefeierten Bappa Rawal, der im frühen achten Jahrhundert in Chittor regierte, begründet. Die Mewar-Herrscher kämpften mutig gegen die Moguln und lehnten es ab, ihre Töchter mit ihnen zu verheiraten. Rana Kumbha war ein sehr belesener Gelehrter; Rana Pratap und Fateh Singh waren die Verkörperung von Tapferkeit, sein Sohn Bhopal Singh, obwohl behindert, war die Freundlichkeit und Großzügigkeit in Person. Der letzte Maharana Bhagwat Singh, der eine Prinzessin aus Bikaner heiratete, hatte drei Kinder, eine Tochter und zwei Söhne, Mahendra Singh und Arvind Singh.

Vorwort

Es ist mir eine große Ehre, ein Vorwort zu *Die Maharadschas und die indischen Fürstenstaaten* zu schreiben, und ich bin mir dieses Privilegs bewusst. Die Tragweite einer solchen Aufgabe ist nicht zu unterschätzen, und die Verantwortung, über ein so sensibles Thema, das Corps der indischen Prinzen während mehrerer Jahrhunderte zu schreiben, überwältigt mich ein wenig.

Das seltene Ereignis der Jahrtausendwende, an dessen Schwelle die ganze Welt mit Bangen steht, bedeutet auch einen wesentlichen Neuanfang für jeden, einschließlich der ehemaligen indischen Fürsten. An diesem bedeutenden Scheideweg ist es daher angemessen und in vieler Hinsicht aktuell, Kenntnisse über diesen wichtigen Abschnitt der indischen Geschichte für spätere Generationen festzuhalten. Es ist auch geboten, die alten Werte, die den Test der Zeit bestanden haben, aus der Geschichte abzurufen und sie in uns selbst erneut zu bestätigen. Gegen die Worte von Sir Conrad Corfied, die er nach seiner Begegnung mit Maharana Fateh Singh bei seinem Besuch in Udaipur äußerte, gibt es nichts einzuwenden: »Es spricht viel dafür, diese Qualitäten für das zukünftige Wohlergehen Indiens zu bewahren«. Denn es sind diese Qualitäten und vor allem Mut, im Gegensatz zur heute gängigen Kompromissbereitschaft, die uns an die Schwelle des dritten Jahrtausends führen werden.

Die weitgehend bereitwillige und freiwillige Integration der Fürstenstaaten in die Indische Union ist einer der erstaunlichsten Übergänge in der Weltgeschichte, der jedoch kaum Anerkennung fand. Die Aufmerksamkeit der Welt wurde bewusst auf die schmerzvolle Gründung eines vorwiegend hinduistischen Indiens und eines muslimischen Pakistans gelenkt, die große Härten und gewaltige Flüchtlingsströme auslöste; doch die brutale und plötzliche Aufhebung der Souveränität der Fürsten (und die ihr zugrundeliegende Synergie von Habgier einiger zeitgenössischer Politiker) wurde als weniger wichtig eingeschätzt.

Schon im frühen 19. Jahrhundert spielten viele der früheren Herrscher eine bedeutende und herausragende Rolle im Kampf um Indiens Unabhängigkeit. Leider ist ihr Beitrag nie hervorgehoben oder anerkannt worden. Auf diese Weise zeigt sich die Schwäche der Demokratie. Doch die Rolle der früheren Herrscher kann nicht für immer ignoriert werden, die Tatsachen werden ans Licht kommen und der Beitrag der Fürsten wird seinen rechtmäßigen Platz in den Annalen der Geschichte finden.

Es war schließlich an den Maharadschas ihre natürliche Noblesse und Charakterfestigkeit zu zeigen, indem sie sich dem Wandel in geordneter Weise anpassten. Sie weckten damit bei ihrem Volk ein Gefühl des Stolzes, denn die Fürstenfamilien bekämpften nicht die Demokratie, obwohl sie nicht Teil ihrer Traditionen war, sondern sie hießen sie willkommen für das Wohl ihres Volkes und für die Erhaltung der Einheit ihres großen Landes. Jahrhundertelang hatten sie viele Male ihr Leben hingegeben, um diese Einheit vor fremder Besetzung zu schützen.

Mit einem Gefühl kollektiven Stolzes muss festgehalten werden, dass der Übergang von der Monarchie zur Demokratie friedlich verlief, und das wäre ohne die Unterstützung derjenigen, die am meisten zu verlieren hatten – der Herrscher der Fürstenstaaten – nicht möglich gewesen. Ein solches kollektives Opfer ist einzig in der Weltgeschichte. Selbst heute haben die meisten Prinzen ihre Staaten nicht verlassen und sind nicht ins freiwillige Exil gegangen. Sie bleiben standhaft in ihrer Heimat und werden vom Volk immer noch hoch geachtet. Für die Bevölkerung hat das eine tiefe Bedeutung, denn sie hatten den Maharadschas jahrhundertelang vertraut und sie verehrt, und sie können kaum verstehen, warum diesen Fürsten nicht mehr erlaubt ist, sie zu beschützen oder auch nur zu vertreten. Es erforderte großen Takt und Gelassenheit, damit der Übergang ohne Tumult und Erschütterungen vonstatten gehen konnte, was im Folgenden bewährterweise an konkreten Beispielen gezeigt wird.

Die Prinzen erkannten die Tatsache an, dass sich die Stimmung in der ganzen Welt gewandelt hatte. Die Demokratie ersetzte nun die Monarchie, und Indien wurde völlig autonom, dank der selbstlosen Opfer des Corps der Prinzen. 1971 jedoch verriet die damalige Regierung die Fürsten. Sie nahm ein feierliches Versprechen, das den Herrschern bei der Integration der Staaten 1947 gegeben worden war, zurück und widerrief ihren konstitutionell verankerten Sonderstatus durch eine Verfassungsänderung. Obwohl diese Kehrtwendung weltweit kritisiert wurde und der Integritätsverlust der Regierung deutlich zu Tage trat, sahen die Prinzen davon ab, ihren Protest in gewalttätigen Widerstand umzusetzen. Diese wichtigen Fakten sind weitgehend heruntergespielt worden und ihre Verbreitung wurde unterdrückt, um zu verhindern, dass die uralten Bande zwischen dem Volk und den einstigen Herrscherfamilien auflebten und die Prinzen die Macht und ihre Position gemäß der Verfassung von 1951 wiedererlangten.

Es ist eine historische Tatsache, dass Indien während der letzten tausend Jahre ein sehr begehrenswertes Land war. Viele fremde Mächte versuchten, unser Territorium zu erwerben, zu erobern oder zu annektieren und es mit ihren eigenen Reichen zu vereinen. Ohne auf die Gründe oder die große Zahl der Invasionen eingehen zu wollen, ist es wahr, dass es keinem Eroberer gelang, das gesamte Indien zu unterwerfen. Im Laufe der Jahrhunderte hat immer der eine oder der andere Prinz Mut gegenüber gewaltigen Herausforderungen verkörpert, um die Freiheit des Landes zu erhalten. Die Prinzen brauchen heute einen tapferen, hartnäckigen Trotz, ähnlich dem, der der Menschheit half, drei Eiszeiten und alle möglichen Aggressionen zu überleben und doch darüber zu stehen.

Im Westen wurde der Begriff des Königtums von Monarchen, Historikern und Gelehrten auf vielfältige Weise erklärt. Daher sind die Definitionen, die Bedeutungen und bzw. oder das Verständnis und die Folgerungen daraus unterschiedlich. Welche Interpretation richtig ist, bleibt eine persönliche Wahl. Mein Verständnis der westlichen Interpretation ist: »Königtum, das göttliche Recht zu herrschen, ist dem Nachfolger inhärent«, das bedeutet: »Der König ist tot, lang lebe der König«. Die Auffassung in unserem Land weicht grundlegend von dieser Konzeption ab. Wir glauben, dass die wahre Definition des Königs ist, »einer, der die Pflicht hat, Wohlstand und Zufriedenheit zu garantieren«. In der Tat ist der König ein Diener des Volkes und ihr Vertreter und ein demütiger Beschützer des Staates, der ihm anvertraut ist. Das steht in starkem Widerspruch zur westlichen Konzeption. Während hier der neue König als Symbol den väterlichen Thron übernimmt, bindet sich der Nachfolger in Indien nur seines Vaters Turban um den Kopf, während er auf einem Kissen am Boden sitzt. Nur dieses Kissen trennt den Herrscher von seinem Volk. Selbst heute ist diese symbolische Geste generell allen Hindus gemeinsam und symbolisiert die Beständigkeit der Nachfolge und der Abstammung. Der Pomp, die Zeremonie und der Reichtum deuten bloß auf das Vermögen hin. Um nicht missverstanden zu werden, möchte ich klarstellen, dass ich nur Formen des Königtums vergleiche und kein Urteil abgebe.

Es wäre nicht falsch zu sagen, dass die Herrscher ihrem Volk in mannigfacher Weise dienten. Wegen ihrer Nähe zum Volk oblag es ihnen, sehr unterschiedliche Funktionen zu erfüllen, je nach den Bedürfnissen der Bürger. In der Ausübung ihrer ererbten Pflichten und Verantwortungsbereiche setzten sie sich selbst hohe Maßstäbe. Die Vielfalt der Aufgaben umschloss eine gute, saubere, gerechte und fürsorgliche Verwaltung. Ein stark ausgeprägter sechster Sinn ließ sie eine zukunftsorientierte, holistische Entwicklung ihrer Staaten in Gang setzen, und einige Beispiele dienen heute als Kompass nachhaltiger Entwicklung im Land. Ihre Rolle als weltliches und geistliches Oberhaupt verkörperte Säkularismus und soziale Gerechtigkeit. Bestrebungen, die heute in Mode sind, wie Umweltschutz, Tierschutz, und Kampf gegen die Luftverschmutzung, waren damals schon gang und gäbe. Die bildenden Künste, Architektur und Musik blühten unter den

Fürsten. Dies ist kein Romantisieren und keine Glorifizierung der Rolle der Prinzen, sondern das geht aus den Quellen hervor, die jedem Forscher zugänglich sind.

Die indische Geschichte zeigt, dass Wandel unser Lebensstil war. Wir waren sehr erfolgreich in der Anpassung an Veränderungen. Seit der Unabhängigkeit 1947 hat sich das Tempo des Wandels für die Prinzen beschleunigt. Ich glaube, die Regierung kann den Prinzen die Titel abnehmen, aber nur Gott kann sie davon abhalten, ihre Pflichten zu erfüllen, die genauso ein Teil von ihnen sind, wie ihr Kopf und Herz und die Linien auf der Hand. Ohne Insignien wandelten sie sich jetzt zu Anwälten des Volkes, zu Schlichtern zwischen den Regierenden und den Regierten; die Formen mögen sich gewandelt haben, aber die Funktionen sind so bindend wie eh und je. Wandel löscht selten die Vergangenheit aus und bedeutet nicht notwendigerweise die Ablehnung alles Alten. Vieles aus der Vergangenheit kann und sollte bewahrt bleiben. Dies bezieht sich sowohl auf die Aspekte, die unseren Sinn für Pflicht und Leistung berühren, wie auch jene, die es uns ermöglichen, von Tag zu Tag zu wirken. Besonders sollten wir die alten Werte der Selbstlosigkeit schätzen, die den Stürmen der Zeit Stand gehalten haben.

Zweifellos war es für die indischen Prinzen nicht nur ein neuer Anfang, sie mussten auch eine neue Richtung einschlagen. Plötzlich fanden sie sich selbstlos, aber bis zu den Schultern in den Nöten und Sorgen der Leute – ihrer ehemaligen Untertanen – wieder und setzten eine wahre Fülle von sozialen Programmen in Gang. Vielerorts wurden sie zum Fundament aller Karitas und Fürsorge, wenn der Staat, aus welchen Gründen auch immer, ein Vorhaben nicht unterstützen konnte oder wollte, sei es eine neue Schule, Wasser- oder Abwasserversorgung, eine Bibliothek oder der Anbau eines Krankenhauses. Daher mussten die Prinzen die Leitung dieser Institutionen übernehmen.

Doch heute ist es für uns alle absolut notwendig, diese Rolle zu übernehmen. Um in der heutigen Zeit erfolgreich zu sein, müssen die ehemaligen Herrscher ihre Funktionen als Sozialarbeiter, Sozialrefomer und Pädagogen erfüllen und in engem Kontakt mit den Problemen der Gesellschaft stehen. Wirtschaftliche Solidität und Management des Humankapitals sind die Voraussetzung eines Überlebens in Würde und Selbstrespekt und müssen daher sehr ernst genommen werden. Wesentlich aber ist der starke Kontakt zum Volk und diese Zugänglichkeit ist unerlässlich. Sobald das Volk den Prinzen nicht mehr versteht oder sich nicht mehr mit ihm identifizieren kann, beginnt die Scheidung, und das darf man nicht zulassen. Es ist dringend notwendig, unser Überleben als Typus zu sichern. Aus alten entstanden neue Lampen und Schwerter wandelten sich zu Pflugscharen. Der Mensch ist immer von seinen Türmen herabgestiegen und hat sich neuen Rollen angepasst. Und die Prinzen können das mit hervorragendem Stil, mit Schwung und Effizienz.

Die moderne Zeit bringt neue Herausforderungen mit sich, nämlich die Würde des Erbes zu erhalten, wenn gleichzeitig das Vermögen in wirtschaftlichen Nutzen umgewandelt werden muss, um zu überleben. Wirtschaftliche Aktivität muss als neuer Weg eingeschlagen werden, um den Fortbestand der Tradition in anderer Form zu sichern und den alten Stolz in Erfolg und Ehre wiederzubeleben. Nur auf diese Weise können Traditionen eine bleibende Quelle der Identität des Volkes sein und sie können durch politische Veränderungen nie völlig ignoriert oder erstickt werden.

Auf den Schultern der gegenwärtigen Prinzen ruht eine hohe Verantwortung, wie seinerzeit auf den Schultern ihrer Vorfahren. Sie müssen sich jetzt um die Verwirklichung der verehrten Prinzipien ihrer Ahnen bemühen. Es wird immer einen Vergleich zwischen der Arbeit der heutigen Prinzen in ihren früheren Staaten und den Leistungen ihrer Vorfahren geben, auch wenn die Spielregeln sich geändert haben. Es mag unfair klingen oder auch sein, aber wir müssen diesen Test irgendwie bestehen. Ich glaube fest daran, dass dies erreicht werden kann, vorausgesetzt, die indischen Prinzen erfüllen ihre gegenwärtige Rolle im Leben mit jener angeborenen und anerzogenen Fähigkeit, sich instinktiv in den Dienst des Volkes zu stellen.

Ich habe versucht, so ehrlich und genau wie möglich meine Vorstellungen über die große Institution der indischen Prinzen darzulegen. Es ist ein zu komplexes Thema, um ihm in einem Vorwort gerecht zu werden. Ich habe großen Respekt und Achtung für das Corps der Prinzen im Allgemeinen und bewundere die Prinzen, die in diesem Buch behandelt werden. Sollten meine Worte in irgendeiner Weise irgendein Mitglied des Corps gekränkt haben, so möchte ich betonen, dass dies nicht aus bösem Willen oder Vorurteilen geschah. Ich wünsche der Autorin, den Übersetzern und den Verlegern allen Erfolg.

Arvind Singh Mewar

Indische Kinder vergangener Generationen wuchsen mit einer Fülle von faszinierenden Geschichten auf, die oft mit dem Satz begannen »*Ek tha Radscha*« – es war einmal ein König. Viele dieser Erzählungen stammten aus den Epen, dem *Mahabharata,* dem *Ramajana* und anderen uralten Schriften. Andere gingen auf die Mythologie oder die Folklore zurück oder aber waren der kaleidoskopischen Fantasie von vielen Generationen der Geschichten erzählenden Großmütter entsprungen.

Die Märchen sprachen von einer Fülle von Charakteren, Situationen und Umständen und handelten von den außergewöhnlichen Abenteuern ritterlicher und aufrechter Könige und von bösen Despoten einer vergangenen Ära, als diese Fürsten weite Reiche regierten und wilde, unglaubliche Schlachten schlugen. Sie berichteten von verräterischen Palastintrigen und Verschwörungen oder schilderten lebhaft die Eskapaden und Erlebnisse von schönen, treuen und tapferen Königinnen, von verwöhnten Prinzessinnen, verführerischen Tänzerinnen, ergebenen Dienern und schmeichlerischen Knechten. Sie beschrieben plastisch den unvorstellbaren Reichtum der Radschas an Gold und Juwelen, ihre luxuriösen Paläste und ihre Ställe voller unbezahlbarer Pferde, Elefanten und Kamele.

In der Tat gab es in der Vergangenheit viele große Könige und ausgedehnte Reiche, denn die Institution der Monarchie in Indien geht auf tausende von Jahren zurück. Viele gefeierte Prinzen begründeten Dynastien mit klangvollen Namen wie Chalukya, Chola, Maurya, Pallava oder Rashtrakuta. Manche Hindu-Herrscher leiteten ihren Stammbaum von den tapferen Helden der Epen *Ramajana* und *Mahabharata* ab und zählten Rama und Krischna zu ihren Ahnen. Andere holten noch weiter in die Vorzeit aus, bis zur Erschaffung der Welt, als nach der Mythologie himmlische Wesen menschlichen Königen das Leben schenkten. Die Mitglieder dieser göttlichen Klans wurden *Suryavanshi* genannt, die Abkömmlinge der Sonne, z. B. die Maharanas von Mewar (Udaipur); die *Chandravanshi* hingegen galten als Nachfahren des Mondes, dazu gehörten die Herrscher von Jaipur und Jodhpur.

Spätere Fürsten, wie die Nizame von Haiderabad, die Gaekwar von Baroda, die Scindia von Gwalior und die Holkar von Indore, begannen ihre Karrieren als Generäle oder als Minister vorzüglicher Könige. Einige Herrscher waren einst Raubritter, Piraten oder Plünderer, Stammesführer, Hirten oder Bauern gewesen. Sie ergriffen die historische Chance, sich als Monarchen zu etablieren, dank ihres Scharfsinns, ihrer Schläue oder ihrer bloßen militärischen Macht oder durch geschickte Eheschließungen und ihren politischen Einfluss. Gelegentlich wurden sie Könige durch bloßen Zufall, oder weil sie die vorherrschende politische Macht unterstützt hatten, wie es unter britischer Herrschaft passieren konnte.

Die Briten nutzten die Anarchie und das Chaos, das nach dem Zerfall des Mogulreiches in Indien herrschte, aus und festigten mit Geschick ihre Stellung zunächst durch die Ostindiengesellschaft. Schrittweise gewannen sie die Kontrolle über weite Teile Indiens durch Annexion, vor allem über die Doktrin, wonach beim Tode eines Herrschers ohne

◁ Die Gaekwad Maharadschas von Baroda, deren Vorfahren Generäle waren.

männliche Erben, das Land an die Briten fiel. Und sie spielten die indischen Fürsten gegeneinander aus. Der Aufstand von 1857 machte den Briten bewusst, dass sie zur ihrer eigenen Sicherheit ein Gleichgewicht der Kräfte in Indien brauchten, und sie erkannten, dass dies in erster Linie durch die indischen Fürsten verwirklicht werden konnte, die kollektiv als wichtiger Puffer dienen würden.

Bis zur Mitte des 19. Jahrhunderts und besonders nachdem Indien 1858 der britischen Krone unterstellt worden war, stand der Schirm der Pax Britannica fest auf indischem Boden. Folglich waren die politischen Karten eindeutig gegen die Fürsten gemischt. Das Land der Maharadschas, die sich den Briten widersetzten, wurde willkürlich und gebieterisch annektiert, wie es den Herrschern von Jhansi, Satara, Avadh und anderen geschah. Angesichts ihrer hilflosen und verwundbaren Position unterzeichneten die Fürsten so genannte *Sanad* (Abkommen) und Bündnis-, Freundschafts- und Friedensverträge mit der britischen Oberherrschaft. Im Kern zahlten die Fürsten einen hohen Preis, obwohl diese Verträge ihnen Frieden und Autorität sicherten – wenn auch ohne die ehemalige Verantwortung. Die Zeichen erschienen zweifellos an der Wand und sollten im nächsten Jahrhundert zur völligen Auszehrung der Monarchie führen.

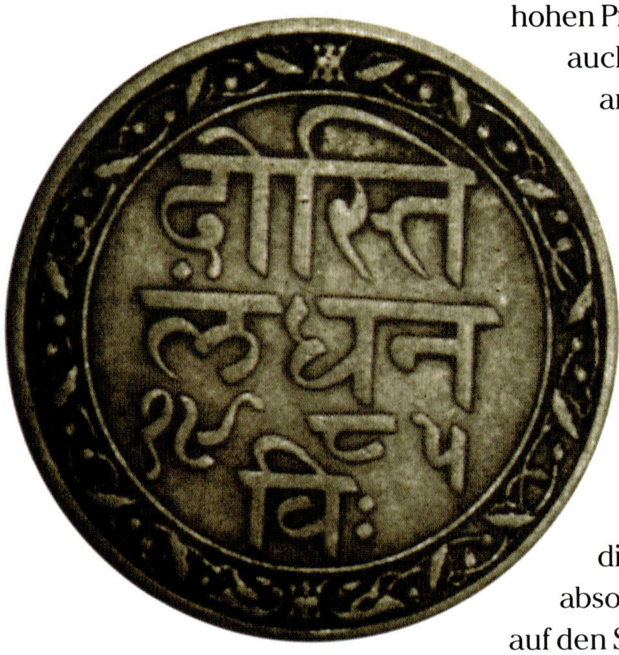

In der Mitte des 19. Jahrhunderts schlossen die Maharadschas Bündnis-, Freundschafts- und Friedensverträge mit den Briten ab. Obwohl diese Verträge den indischen Herrschern Privilegien sichern sollten, waren sie in Wirklichkeit Instrumente zu ihrer Kontrolle.

Im ungeteilten Indien gab es 560 Herrscher mit so verschiedenen Titeln wie Maharadscha, Maharana, Maharawal, Maharawat, Maharao, Radscha, Nizam, Mahatar, Nawab, Khan oder Mir. Ihre Reiche machten zwei Fünftel des indischen Subkontinents aus, doch variierten sie erheblich in Ausdehnung und Reichtum. Während einige so groß wie Italien oder Frankreich waren, konnten andere nur mit Luxemburg oder Liechtenstein konkurrieren. Manche Staaten hatten Budgets von vielen Millionen Rupien, andere verfügten nur über ein paar hundert.

Die Bündnis- und Freundschaftsverträge beendeten zwar die ständigen Fehden der Fürsten untereinander, doch wurden die einst mächtigen absoluten Herrscher mit ihren berühmten alten Stammbäumen beklagenswert auf den Status von Prinzen oder Klanoberhäuptern zurückgestuft. Man gab ihnen den Titel Hoheit, denn Könige oder Majestäten konnten sie nicht mehr sein, nun da der Kaiser oder die Kaiserin auf dem britischen Thron in London saß und über das weltweite Imperium herrschte.

Die Briten regierten die Fürstenstaaten indirekt über den Vizekönig und ein zentral eingesetztes »Political Department« mit Repräsentanten vor Ort, Residenten oder Agenten genannt, die mit Argusaugen die Vorgänge im Staat beobachteten. Die Staaten waren in drei Kategorien eingeteilt. Die »Erste Abteilung« bestand aus 118 Fürstentümern, deren Oberhaupt Salut zustand, daher auch Salut-Staaten genannt. Zur »Zweiten Abteilung« gehörten 117 Staaten, denen kein Salut zustand, die »Dritte Abteilung« umfasste 327 erbliche Großgrundbesitzer, bekannt als *Jagirdar, Thakur* und *Talukdar*. Die Salut-Staaten genossen zweifelhafte Privilegien, wie den Kanonensalut, wobei 21 Schüsse nur fünf Herrschern zustanden: Haiderabad, Mysore, Baroda, Gwalior und Jammu-Kaschmir. Der Kanonensalut reduzierte sich auf 19, 17, 15, 13 und 11 Schüsse – doch blieben es immerhin

Familienspezifischer Waffenschmuck. Die Waffen der indischen Herrscher im 19. Jahrhundert waren sehr individuell ausgeprägt. Gravuren und Einlegearbeit drückten das aus.

noch Prestigesymbole! Ironischerweise waren die *Jagirdar* ohne Salut oft wohlhabender als ihr Prunk ausstrahlender fürstlicher Widerpart.

Die Mehrheit der Fürstenstaaten wurde während der indirekten britischen Kolonialherrschaft von wohlwollenden Autokraten regiert, die engen Kontakt mit ihren Untertanen hielten. Ob sie gute oder schlechte Herrscher waren, zwischen ihnen und den Untertanen bestand eine außergewöhnliche Nähe, ein Gefühl von Brüderlichkeit und Synergie. Das Volk verstand den König als *Annadata*, den Garanten für Nahrung, und als *Maa-Baap*, Mutter und Vater zugleich. Der Herrscher wurde mit *Bapu*, *Bapji* oder *Bapa* angeredet, was einfach Vater bedeutet.

In den gut verwalteten Staaten folgten die Herrscher dem Satz »Recht vertagt ist Recht versagt«. Die vorbildlichen Maharadschas verbrachten mehrere Stunden am Tag mit der Anhörung der Untertanen, ihrer Klagen und Anschuldigungen. Sie reisten regelmäßig über Land, zu Pferde, in Karossen oder Autos ohne Vorreiter oder Leibwächter und kontrollierten die Verwaltung und begegneten ihrem Volk. Die Leute kannten die Routen des Herrschers und standen am Straßenrand, um auf die Ankunft Seiner Hoheit zu warten.

Das Chitrakut Udaipur Wappen wurde für die Sisodias von Mewar entworfen, die wegen der Reinheit ihrer adligen Abstammung allgemein als die *»Sermour«*, die ranghöchste Rajputendynastie, anerkannt waren.

Maharadscha Ganga Singh von Bikaner fuhr zum Beispiel stets selbst in würdigem Tempo im offenen Wagen, vorzugsweise in einem Rolls-Royce. Er wurde nur von einem Adjutanten begleitet, ein Stenograf saß auf dem Rücksitz und nahm die Anweisungen des Fürsten auf. Dem Maharadscha folgte ein chauffeurgesteuertes Auto für den Fall einer Panne, aber es fehlten Leibwächter und all die Sicherheitsvorkehrungen, die bei den Politikern im heutigen Indien auffällig sind. Man sah weder Barrikaden noch Pilotautos oder Vorreiter. Der Herrscher wurde von seinen Untertanen geliebt und respektiert, und jedermann konnte ihn unterwegs anhalten und sagen »Annadata, ich habe eine Klage«. Der Maharadscha pflegte aufmerksam zuzuhören, und immer wurde die eine oder andere Lösung für den Kläger gefunden. Einmal beklagte sich ein Mann, seine Frau sei gewaltsam entführt worden. Der Maharadscha von Bikaner ließ den Entführer kommen und sagte ihm, falls er die Frau nicht bis zum folgenden Tag zurückgäbe, würde er dem geschädigten Ehemann befehlen, seine – des Entführers – Frau an sich zu nehmen. Die Dame wurde binnen weniger Stunden zum rechtmäßigen Ehemann gebracht.

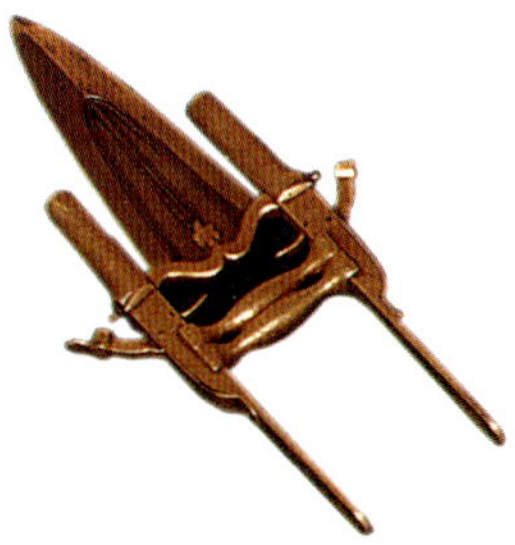

Ein anderer ungewöhnlicher Rechtsstreit, den der Herrscher selbst schlichtete, wird aus dem Staat Kutch an der Westküste berichtet. Eine Abordnung von Jainas kam zu Maharao Khengarji II. mit der Klage, dass die Gefühle dieser der Gewaltlosigkeit verpflichteten Religionsgemeinschaft durch die Schreie der auf See gefangenen Fische verletzt würden. Der Maharao setzte umgehend ein Komitee aus Vertretern der Jain-Gemeinde, der Fischer und seinem persönlichen Vertreter ein und befahl ihnen gemeinsam zum Fischfang zu fahren. »Wenn das Komitee mir berichtet, dass auch nur ein einziger Schrei gehört wurde, werde ich das Fischen verbieten«, erklärte der Maharao. Als das Komitee das Gegenteil bezeugte, sagte der Maharao: »Gut, das löst das Problem. Wenn die Fische schreien, dann kommt und lasst es mich wissen, dann nehmen wir uns der Sache an!«

Es gab sicher Ausnahmen von der Regel wohlwollender und effizienter Herrschaft, besonders wenn Interessengruppen innerhalb des Staates den Herrrscher vom persönlichen Kontakt mit seinen Untertanen fernhielten. Einige Maharadschas verschwendeten das gesamte Vermögen und das Einkommen ihres Reiches, während andere die Verwaltung ausschließlich dem *Dewan*, dem Premierminister und seinem Kabinett überließen. Jedoch gab es eine Reihe von vorbildlichen Staaten, die von aufgeklärten Fürsten regiert wurden und deren Entwicklung in den Bereichen Bildung, Verwaltung und Technologie Britisch-Indien weit voraus war. Diese Staaten schlossen nicht nur die großen Fürstentümer wie Baroda, Mysore, Travancore, Indore, Gwalior und Bikaner ein, sondern auch kleinere Staaten wie Aundh, Sawantwadi und Gondal, deren Einwohner keine Steuern zu zahlen hatten.

Die königlichen Insignien wurden auf reich bestickten Fächern ausgestellt, die während der Audienzen hinter dem Herrscher aufgebaut waren oder bei zeremoniellen Ausritten auf der *Howda*, dem Sitz hoch oben auf dem Elefanten, mitreisten.

In den gut verwalteten Staaten wurden täglich informelle öffentliche Audienzen *(Durbar)* abgehalten, um die persönliche Beziehung zum Volk zu festigen, während mehr formelle Audienzen bei besonderen Anlässen angesetzt wurden, wie dem Geburtstag des Herrschers oder an hohen religiösen Festtagen. Fast alle Paläste hatten eine besondere Audienzhalle *Diwan-E-Khas*, wo wärend der *Durbar* die Leute in ihren farbenfrohen Hofgewändern ihrem Rang entsprechend saßen oder standen, vom Premierminister an der Spitze der Hierarchie bis zum niedrigsten Diener, Handwerker oder Knecht. Gegen Ende des 19. Jahrhunderts folgten die Prozeduren und Zeremonien, die Etikette und das Protokoll dieser spektakulären Audienzen, einer hybriden Mischung von Hindu, Mogul und britischem Hofzeremoniell.

Die zeremonielle Kleidung verband indische Traditionen mit dem britischen formellen Anzug wie im Fall des Maharadscha von Bikaner (rechts), bei dem die kurze Tunika und die Reitstiefel mit Epauletten, Schärpe und britischen Orden kombiniert wurden.

Wenn die Trompeter die Ankunft des Herrschers in Begleitung von Höflingen und Standartenträgern ankündigten, erhob sich die Versammlung von ihren Sitzen. Der Fürst ließ sich auf dem *Gaddi*, dem überlieferten Thron seiner Vorfahren, nieder und Barden besangen seinen Ruhm. Hinter dem Thron standen Bedienstete und hielten die königlichen Insignien, dazu gehörten ein reich bestickter Schirm, Fächer, Fliegenwedel mit goldenen Griffen *(Chhawar)* aus Yakschwänzen oder Pfauenfedern *(Morchel)*. Die Juwelen funkelten, Schwerter blitzten, und der Duft von Jasmin und Rosen durchtränkte die Luft.

Die Adligen, die Offiziere und die Untertanen defilierten einzeln am Herrscher vorbei, um ihre Ehrerbietung mit dem traditionellen Grußwort *Salam* – Frieden – zu erweisen, mit tiefen Verbeugungen überreichten sie *Nazarana* eine symbolische Gabe zum Zeichen der Treue. Mitunter wurde die Gesellschaft von Hofmusikern oder Tänzerinnen ergötzt. Die Audienz endete mit der Verteilung von *Ittr-Pan*-Parfüm und gefülltem Betelblatt, dem Versprühen von Rosenwasser und der Überreichung von Blumen an die

Gäste. Während der Versammlung herrschte ein strenges Protokoll. Wer höher in der Hierarchie des Klans rangierte, dem wurde Ehrerbietung von den Niederrangigen dargebracht, auch wenn sie älter an Jahren waren.

Die Fürstinnen hielten ihre eigenen informellen und offiziellen Audienzen ab und luden Damen aus der Stadt in ihre abgeschirmten Wohnräume ein, *Zenana* genannt. Eine junge Prinzessin trat in die Sicherheit und Abgeschlossenheit des königlichen *Zenana* kurz nach Erreichung der Pubertät ein.

Der Thron von Benares mit seinen majestätischen, von Löwenköpfen verzierten Armlehnen gehörte zur britischen Tradition. Obwohl im Stil höfischer Möbel aus europäischen Werkstätten gehalten, war den indischen Herrschern die Praxis, aufrecht auf einem Stuhl, mit den Füßen am Boden zu sitzen, völlig fremd.

Wie es dem Stil traditioneller Audienzen entsprach, sitzt der Maharadscha Pratap Singh Rao Gaekwad von Baroda im Yogasitz und trägt seine berühmte Perlenkette mit sieben Strängen.

Mit Ausnahme der engsten Familienmitglieder durften keine Männer das geschützte Reich betreten. Diese unausgesprochene Regel sicherte auch, dass kein Fremder seine Beobachtungen über die Schönen zur Information möglicher Entführer nach außen tragen konnte. In dem streng bewachten *Zenana* lebten die Frauen in geschwisterlicher Freundschaft, wenngleich hier auch Intrigen blühten.

Die königlichen *Zenana* waren so verschieden wie die Fürstentümer selbst und unterschieden sich beträchtlich in Größe, Lebensstil und sogar in der Architektur. Das tägliche Zeremoniell, die Beschäftigungen und der Zeitvertreib, die Disziplin oder der Mangel daran hingen im Wesentlichen vom Charakter und der Einstellung des Fürsten und von der ranghöchsten Dame ab, die im *Zenana* das Sagen hatte. Doch im Allgemeinen waren die *Zenana* erfüllt vom Lachen der Kinder, dem Klirren des Schmucks und freudigen Stimmen.

An hohen religiösen Feiertagen und Festen der Jahreszeiten wurde in den Palästen in Extravaganz geschwelgt. Das Dussera-Fest in dem von Hindus regierten Reich Mysore ist vielleicht international am bekanntesten, mit seinen zehn Tagen der Festlichkeiten zur Feier der Göttin Durga und des Sieges von Gut über Böse. Mysore mit einer Ausdehnung von nahezu 79 000 Quadratkilometern war einer der fortschrittlichsten Staaten in Indien. Gäste strömten aus aller Welt in die Hauptstadt Mysore, um Prunk und Gepränge dieses Festes mitzuerleben.

Die täglichen *Puja*, die Gebetsriten, waren im Wesentlichen eine private Familienangelegenheit. Jeden Morgen wachte der Maharadscha um fünf Uhr auf, er badete, aber rasierte sich nicht während der zehn Tage des Festes; prächtig gekleidet in reichen zeremoniellen Gewändern brachte er der Familiengottheit Gebete dar. Jeden Abend erwiesen die Untertanen ihm Ehrerbietungen in der öffentlichen Audienz. Danach wurde er in den Wohngemächern der Maharani mit frischen Blumen und Girlanden überschüttet, als Teil des Rituals zur Abwendung des »bösen Blicks«.

Während der britischen Herrschaft war der 9. Tag der Feierlichkeiten für eine besondere Audienz reserviert, bei der die ausländischen Bewohner, angeführt vom Residenten, dem Herrscher ihre Aufwartung machten. Der Höhepunkt des zehnten Tages war die prunkvolle Prozession des Maharadschas auf einem Elefanten reitend, begleitet von Musikanten, Infanteriesoldaten, Reitern, von Kamelen, Pferden und weiteren geschmückten Elefanten.

Eine andere denkwürdige Feier war das Gangaur-Fest in Mewar (Udaipur) zu Ehren der Göttin Parvati, der Gefährtin des Gottes Schiwa, bei dem eine malerische Prozession von Booten auf dem schönen Pichhola-See stattfand. An allen vier Tagen des Festes bestimmte der Maharana von Mewar, als Oberhaupt der sechsunddreißig Rajputenklans und aller anderen Kasten, ein Farbschema für die Turbane der Männer und die Röcke der Frauen und ihrer *Odhna,* dem Schleier. In Begleitung von Musikanten, Fußsoldaten und Reitern mit den Insignien des Staates ritt der Maharadscha auf einem prachtvoll geschmückten Elefanten zum Ufer des Sees, wo zwei riesige Boote auf Seine Hoheit warteten. Sie hatten Platz für je hundert Menschen und waren am Bug und am Heck mit Plattformen für die Musiker und Tänzer ausgestattet, die die Anwesenden unterhielten. In einem der Boote saßen der Maharana und die Leute seiner Umgebung, im anderen Boot fuhr eine muslimische Familie, deren Vorfahren dem Hause Mewar in der Schlacht gegen die Mogularmee beigestanden hatte.

Ein mit Juwelen besetztes Schwert, Teil einer den Betrachter blendenden Sammlung im Junagarh-Palast-Museum in Bikaner. Die reiche *Kundan*-Fassung am Griff (Emaillearbeit und Edelsteine) und der Scheide weisen auf einen aristokratischen Besitzer hin.

In der Tat war die Freundschaftlichkeit und Harmonie zwischen den Religionsgemeinschaften ein herausragendes Merkmal der meisten Fürstenstaaten, trotz ständiger Provokationen durch die Briten. Unabhängig von der Religion des Maharadschas wurden alle Feste – muslimische, hinduistische, christliche und andere im Geist der Gemeinsamkeit gefeiert.

In Staaten mit Hinduherrschern wie z. B. Jaipur, Indore und Gwalior wurde der muslimische Eid mit ebensoviel Inbrunst begangen wie Diwali und Holi in muslimisch regierten Staaten, wie Bhopal und Hyderabad, oder sogar in kleineren, wie Cambay und Palanpur. Diese religiöse Toleranz zwischen dem Herrscher und dem Volk ist der Grund für das fast völlige Fehlen von Konflikten zwischen den unterschiedlichen Religionsgemeinschaften in den Fürstenstaaten zur Zeit der britischen Herrschaft.

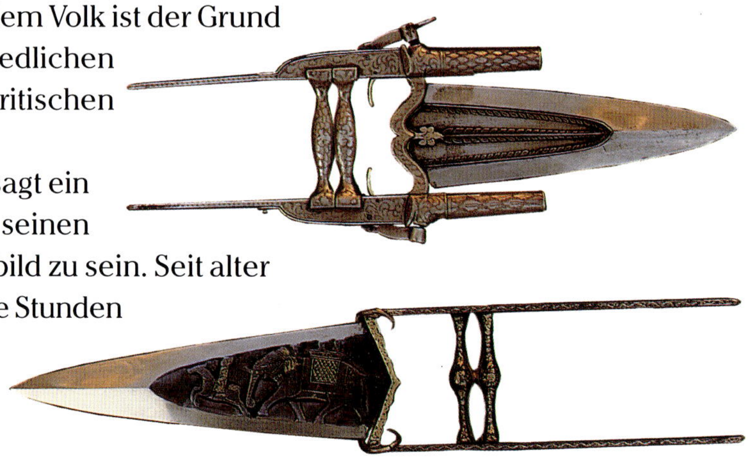

Der *Jamdhar* ist ein Dolch wie er nur in Indien zu finden ist. Die beiden Arme sind mit zwei Querspangen verbunden, die den Griff bilden.

»Yatha Radscha thata praja« – »Wie der König, so das Volk«, sagt ein altes indisches Sprichwort. Der Tradition nach gab der Herrscher seinen Untertanen ein Beispiel, und es wurde von ihm erwartet, ein Vorbild zu sein. Seit alter Zeit waren strenge Regeln festgelegt worden, z. B. darüber, wie viele Stunden ein König sich der Verwaltung widmen sollte, und wie lange er sich vergnügen durfte. In der berühmten Abhandlung der Staatskunst des *Arthashastra* riet Kautilya, der Minister des Maurya-Kaisers Chandragupta im 4. Jahrhundert v. Chr., dem König, sich nicht mehr als eineinhalb Stunden am Tag der Entspannung zu widmen. Übermäßige Vergnügungssucht führte zu einer anderen Redensart: *»Andheri nagri chaupar raja«* – das bedeutet, Anarchie und Chaos herrschen im Reich, in dem der König seine Zeit mit dem *Chaupar* (einem Würfelspiel) vergeudet.

Der *Chhawar*, der Fliegenwedel aus einem Yak-Schwanz, in Gold oder Silber gefasst, wurde benutzt, wenn der Herrscher bei Audienzen auf dem Thron saß. Dieser *Chhawar* gehört zu den Insignien im Junagarh-Palast-Museum in Bikaner. Er kam einst aus Jodhpur als Teil einer Schlichtung zwischen zwei Zweigen der Rathore-Familie, die in beiden Staaten regierten.

Im späten 19. Jahrhundert, als die Ära des Friedens unter der Pax Britannica den angeborenen kriegerischen Drang und die Kampfeslust der Fürsten neutralisierte, fand ein erstaunlicher Wandel in ihrem Lebensstil statt. Schwert und Bogen wurden gegen Tennisschläger und Cricket-Schlagholz ausgetauscht, Lanze und Speer zugunsten des Billiardstocks ausrangiert. Als die Prinzen begannen, dem Lebensstil der Kolonialherren nachzueifern, setzte die Verwestlichung ein, nicht nur in der Architektur der neuen Paläste und ihrer Inneneinrichtungen, die von europäischen Architekten entworfen wurden, sondern auch in modernen Transportmitteln wie dem Auto und dem Flugzeug, in der Übernahme westlicher Kleidung und europäischem Schmuck, im Essen und in der Unterhaltung und Entspannung.

Das Vergnügen des Schachspiels und des *Pachisi* (Würfelspiel) wich dem Auswendiglernen der Spielregeln des Bridge oder des Rugby. »Arrangierte« Abschüsse von Großwild, zum Kitzeln der Eitelkeit der Repräsentanten der imperialen Macht, waren an der Tagesordnung, wobei mitunter die Pfoten der Tiger-Trophäe mit Stöcken künstlich verlängert wurden, um dem vizeköniglichen Schützen zu schmeicheln. Der schlafende Kampfgeist der Fürsten fand auch ein Ventil im Polospiel und im Zuschauersport, z. B. bei Kämpfen zwischen Tieren, wie Kamelen oder Elefanten. Aus anderem Holz geschnitzte Prinzen jedoch »schossen« Wild mit der Kamera und waren engagierte Naturschützer. Sie zogen es vor, Tiere und Vögel in eigenen Zoos und Volieren zu halten. Andere wiederum gaben ein Vermögen für die Zucht von Vollblutpferden und reinrassigen Hunden aus oder unterhielten Flotten von Luxuslimousinen. Die meisten Maharadschas teilten die Leidenschaft für den Kauf von exquisitem Schmuck.

Seit Urzeiten hatten indische Herrscher beneidenswerte Sammlungen von Juwelen angehäuft. Das gefeiertste juwelenbedeckte Kunstwerk, das je in Indien geschaffen wurde, war der Pfauenthron, der im 18. Jahrhundert vom Perserkönig Nadir Shah in Delhi geplündert und verschleppt wurde. Das berühmteste Juwel der Welt, der Koh-i-noor-Diamant, der die Krone der britischen Königinmutter ziert, stammt aus einer indischen Diamantenmine. Es gab unzählige andere wunderbare Edelsteine, wie die Pitt-, Orlov- und Hope-Diamanten, die exportiert wurden, um die westliche Welt zu betören. Viele dieser Edelsteine blieben jedoch in den unergründlichen Gewölben der indischen Maharadschas zurück.

Ein französischer Reisender, Louis Rousselet, durfte in den 1860er-Jahren einige der berühmten Juwelen im Besitz des Maharadscha Gaekwad von Baroda ansehen. Er schrieb: »*Die Diener breiteten diese betörende Sammlung auf Tischen und Stühlen aus; und es waren sicherlich die schönsten Edelsteine, die man sich vorstellen konnte – Ströme von Diamanten, Diademen, Halsketten, Ringen, Armbändern, Kostümen und Capes, bestickt mit Perlen und Edelsteinen von unerhörtem Reichtum. Auffallend unter diesen Preziosen war eine Halskette, die der Radschah kürzlich hatte anfertigen lassen, darin funkelten der berühmte »Stern des Südens«, der »Stern von Dresden« und*

Das Muschelhorn ist ein glückverheißendes Emblem der Könige. Es wurde vom Herrscher an seinen Nachfolger vererbt.

andere Diamanten von bemerkenswerter Größe; wahrscheinlich ist es die wertvollste Kette der Welt. Der Fürst kam herein und sah mich ein herrliches Hindu-Kostüm bewundern. Der Mantel, die Hosen und der Schal aus schwarzer Seide waren kunstvoll mit Perlen, Rubinen und Smaragden bestickt; die Schuhe, die Epauletten und der Turban glitzerten von Diamanten. Ich versicherte dem König, dass ich noch nie etwas so Schönes gesehen hätte, nicht einmal in den Ausstellungen in Paris oder London.«

Die begehrteste Sammlung in unserer Zeit war die des exzentrischen, geizigen aber brillanten Osman Ali Pasha, des letzten Nizams von Haiderabad, der 1911 den Thron bestieg. Er besaß den berühmten ungeschliffenen 162-karätigen *Jacob-Diamant*, in Gold gefasst, den er mit anderen unschätzbaren Juwelen von seinem Vater, Nizam Mahboob Ali Pasha, geerbt hatte, und den er als Briefbeschwerer benutzte. Er besaß auch einen Satz von zehn fehlerlosen Smaragden, jeder so groß wie ein Taubenei, den er bei der *Durbar* des Vizekönigs in Delhi 1911 einem Perser für die königliche Summe von 100 000 Pfund Sterling abgekauft hatte. Es heißt jedoch, dass kein Juwelier gegenüber dem schlauen Nizam die Oberhand gewinnen konnte, es muss also ein Schnäppchen gewesen sein!

Die Rückseite einer prachtvollen Gürtelschließe mit *Meenakari*, Emaillearbeiten. Auf der Vorderseite ist ein Smaragd im Zentrum, flankiert von Rubinen und mit Diamanten umrandet.

Sein persönlicher Reichtum, allein an Gold, wurde einst auf 30 Millionen Pfund geschätzt, seine Juwelen lagen etwa in der gleichen Größenordnung. Die Berge von Gold und Silber, die in einem unterirdischen Keller angehäuft wurden, stammten in erster Linie aus den vielen Geschenken, die er als *Nazar* bei seinen Audienzen erhielt. Nachdem sein Staat schließlich der Indischen Union beigetreten war, brauchte die indische Regierung dringend Geld. Der Nizam stimmte zu, der Regierung einen Kredit zu geben. Goldmünzen und Silberbarrren wurden in einem Sonderzug von Haiderabad nach Bombay transportiert, wobei der königliche Schatz zwei Eisenbahnwaggons füllte! Die Juwelen des Nizams wurden kürzlich von der indischen Regierung angekauft und sollen im Nationalmuseum in Delhi ausgestellt werden.

Unter den anderen Herrschern, die prächtigen Schmuck besaßen, waren die Maharadschas von Jaipur, Gwalior, Kaschmir, Baroda, Indore, Patiala und Jodhpur. Juwelen wurden nicht nur für den Herrscher angefertigt oder gekauft, sondern auch für seine Ehefrauen, Töchter und andere Verwandte. Die Gottheiten in den Tempeln besaßen speziellen Schmuck, und auch die Elefanten, Kamele und Pferde, die bei Zeremonien mitwirkten, trugen Juwelen. Der seltsame Nawab von Junagadh schmückte seine Lieblingshunde. Er umgab seine Hunde mit großem Luxus und feierte ihre Geburtstage und ihre Hochzeiten in großem Stil. Es hieß, dass seine Tierliebe auf einen unvergesslichen Vorfall zurückging, als ein Hund ihn vor den giftigen Fängen einer Kobraschlange schützte und sein Leben rettete.

Mit der Verwestlichung der königlichen Lebensstile ging auch das Erlernen von gesellschaftlichen Fertigkeiten einher, um den Briten gleichberechtigt zu begegnen. Die indischen Prinzen lernten westliche Musik und den Gesellschaftstanz, und einige, wie die Maharadschas von Patiala und von Kapurthala, unterhielten sogar ausgezeichnete Orchester unter europäischen Dirigenten. Doch muss gesagt werden, dass sie auf dem Gebiet der indischen Musik und des klassischen Tanzes durch ihr Mäzenatentum einen der größten Beiträge zur Erhaltung der indischen Kultur leisteten.

Zur Zeit der muslimischen Eroberungen im 11. und 12. Jahrhundert war die indische klassische Musik bereits zu einer ausgeprägten Kunstform entwickelt. Die Könige förderten nicht nur die Hofdichter und die Musiker, die Oden zum Lobe ihrer Herrscher sangen und Ragas über die Würde und Pracht des Hofes komponierten, auch die Tänzer und Tänzerinnen, deren Kunst in den über ganz Indien verstreuten Tempeln gepflegt und vervollkommnet wurde, hatten am fürstlichen Mäzenatentum teil.

Die Muslime brachten ihre eigene Musik mit und bereicherten die hochentwickelte einheimische Kunst. Neue Vokalstile mischten sich mit den alten, und die indische Musik gewann durch die Einführung neuer Instrumente wie der *Sarod,* der *Sitar* (beides Saiteninstrumente), der *Rebab* (ein Streichinstrument) und der *Shahnai* (einer Art Oboe). Als Mäzene halfen die Maharadschas dieses große Erbe der Musik und des Tanzes zu erhalten. Während der britischen Herrschaft wurden die Fürstenstaaten zum Hort für die Bewahrung der Künste.

Diese Turbanspange (*Sarpech)* in Gold und Silber ist mit Diamanten besetzt und rot emailliert.

Tänzerinnen und singende Kurtisanen wurden an besonderen Tagen der *Durbar* eingeladen, ihre Vostellungen zu geben. Musiker wurden am Hof angestellt oder aus anderen Landesteilen herbeigerufen, um bei Anlässen wie dem Geburtstag des Herrschers oder bei Festen zu musizieren und wurden dafür reich entlohnt. Abgesehen von der Förderung einzelner Künstler wurden in vielen Staaten Kunstschulen begründet und die Herrscher leisteten entscheidende Beiträge zur Herausbildung von Musiktraditionen mit ihren je eigenen Stilen, *Gharana* genannt, wie z. B. in Rampur, Patiala, Maihar, Indore, Gwalior, Jaipur und Baroda, denen sich auch die junge Generation von Musikern der Gegenwart verpflichtet fühlt.

Objets d'art, wie diese Sammlung von Miniatur-Möbeln europäischen Stils aus dem Hause Cartier, waren bei den Prinzen sehr beliebt.

Die königliche Förderung erstreckte sich ebenso auf die bildenden Künste Malerei und Bildhauerei sowie auf das Kunsthandwerk – Stickerei, Weben, Holzschnitzerei, Intarsienarbeit – all diese Produkte des Handwerks wurden ständig am Hofe und in den Palästen benötigt. Manche Staaten betrieben eigene Werkstätten, *Karkhana* genannt, wo talentierte Schreiner, Gold- und Silberschmiede, Töpfer, Eisenschmiede und Stickereispezialisten angestellt waren, um die starke Nachfrage des Palastes zu befriedigen. Viele dieser Traditionen des Kunsthandwerks wurden der Nachwelt nur dank dieser Förderung durch die Fürsten überliefert. Sogar kleine Staaten, wie z. B. Sawantwadi in der Nähe von Goa, hatten in ihren Werkstätten ausgesuchte Spezialisten für die Anfertigung von Sätteln, die auch in der Kunst der Goldstickerei auf Leder versiert waren.

Einige Höfe förderten die Wissenschaften, andere bauten beneidenswerte Bibliotheken auf. Wieder andere entwickelten die Kochkunst mit hochspezialisierten Köchen, die für die üppigen Festbankette sorgten, die bei Festen oder religiösen Feierlichkeiten, bei Geburtstagen und Hochzeiten und bei Staatsbesuchen der Prinzen untereinander ausgerichtet wurden. Mehrere hundert Gäste waren dabei fast die Regel, ob nun das Essen in den traditionellen indischen *Thali*, runden Metalltabletts mit erhöhtem Rand, serviert wurde oder im europäischen Stil. Besonders zwei Staaten, Rampur und Haiderabad, wurden wegen ihrer Köche des Mogulstils gepriesen, während andere wie Patiala, Kapurthala und Indore für ihre europäische Küche berühmt waren. Der Nawab Hamid Ali Khan von Rampur soll über 300 Köche in seinen Diensten gehabt haben. Jeder von ihnen war auf eine Art von Gerichten spezialisiert. Der *Kaliyapa* kochte z. B. nur Currys, der Pakhwanwalla war nur für das Brotbacken und Gebratenes zuständig.

Die Nawabzadi Bilquis Jehan Begum, Tochter des berühmten Polospielers Nawab Rais Jung Bahadur. Die Begum hat eine Leidenschaft für Pferde. Ihre anderen Hobbys sind Kochen, klassische Musik und Urdu-Dichtung.

Doch dies sind alles Geschichten aus einer versunkenen Zeit, wie die Märchen, die mit *»Ek tha Radscha«* begannen, nur enden sie nicht wie im Märchen und die Maharadschas leben heute anders. 1947 wurde Indien ein unabhängiger Staat und das war der Anfang vom Ende der Fürstenstaaten, die nach und nach der Indischen Union bzw. Pakistan beitraten. Einige Maharadschas erkannten die Zeichen der Zeit und sahen sich nach anderen Formen des Lebensunterhaltes um.

Mehrere Herrscher der großen Staaten, denen zunächst hohe Apanagen zustanden, schufen Stiftungen zum Unterhalt ihrer Angehörigen und Angestellten oder für die Gründung von Institutionen im Erziehungswesen, der Forschung, der Gesundheitsfürsorge und Sozialarbeit. Die Gangajali-Stiftung in Gwalior, die Hari-Tara-Stiftung in Kaschmir und eine Reihe von Stiftungen in Bikaner und in Haiderabad waren die herausragendsten, last not least die Mewar-Stiftung des Maharadscha von Udaipur.

Andere Prinzen hingegen begannen, ihre Vermögenswerte zu verkaufen, ihre Paläste, Juwelen, Kunstgegenstände, Möbel, Bilder und Auto-Oldtimer, um den Erlös in Geschäftsgründungen zu investieren. Wieder andere, die den entsprechenden Bildungsabschluss besaßen, traten in den diplomatischen Dienst ein oder übernahmen Jobs in der Industrie. Einige engagierten sich in der Politik und kandidierten – erfolgreich – bei Wahlen. Nicht wenige fühlten die Verpflichtung, sich weiterhin für die Erhaltung der Kunst und des Kunsthandwerks ihres Staates einzusetzen.

Die Paläste der Maharadschas teilen das Schicksal ihrer Besitzer. Viele der alten Festungen liegen in Ruinen, die erhaltenen bedürfen meist dringend der Renovierung. Der Verlust der Apanagen (siehe unten) führte nicht nur zum Verfall der Paläste, sondern auch zu Arbeitslosigkeit unter den vielen Bediensteten und Handwerkern, die einst dazu beitrugen, die alten Gebäude in Stand zu halten.

Die Paläste wurden zum Klotz an manchem fürstlichen Bein. Zögernd verkauften Maharadschas ihre Schlösser an den Staat, die dann zu Büros oder Museen umfunktioniert wurden. Residenzen entlang der Tourismusrouten wurden in traumhafte Gästehäuser oder in Luxushotels umgewandelt, wo die Reisenden für ein paar Tage wie ein Maharadscha oder eine Maharani leben können. Ein Besuch, und sei er noch so kurz, transportiert die Touristen in eine Welt voller Zauber, Eleganz und unglaublicher Pracht.

Unter den ersten Maharadschas, die nach der Unabhängigkeit Hoteliers wurden, waren die Herrscher von Jammu und Kaschmir, Jaipur und Udaipur. Andere folgten nach. Einige führten ihre Hotels selbst, andere sahen sich nach professionellem Rat um und übertrugen das Management etablierten Hotelketten, wie der Taj-Mahal-Gruppe, den Oberoi Hotels oder der Welcome Group.

Einige Paläste wurden zu Schulen, Museen und Bibliotheken umfunktioniert, z. B. die von Patiala, Jodhpur, Udaipur, Bikaner und Rampur. Eine der besten Sammlungen persischer Manuskripte war im Besitz der Rampur-Familie, eine Fundgrube für Sanskritschriften lag in Bikaner. Die Herrscher von Bikaner und von Patiala hatten bedeutende Waffensammlungen. Die Residenzen von Indore, Pratapgarh und Palanpur wurden zu staatlichen Büros.

Die früheren Jagdgründe der Fürsten sind heute Wildreservate oder Nationalparks, dazu gehören Periyar, Bharatpur, Shivpuri, der Gir Wald, Ranganthittoo, Kutch, Bandipur, Dachigam und Jaldapara. Die privaten Sammlungen von Tieren und Vögeln sind von den zoologischen Gärten übernommen worden, wie in Haiderabad, Baroda, Junagadh, Mysore, Jaipur, Kotah, Jodhpur, Bikaner und Udaipur.

Die Märchenwelt endete abrupt und versank in der Geschichte als das Prinzen-Corps durch einen Beschluss der Regierung vor gut drei Jahrzehnten abgeschafft wurde. Die regierende Kongresspartei nahm 1967 eine Resolution an, wonach die Privilegien und die Apanagen der Fürsten abgeschafft werden sollten, was damals als geschickte populistische Maßnahme Indira Gandhis verstanden wurde. Nach langen schwierigen Verhandlungen zwischen den Vertretern der Maharadschas und der Regierung wurde ein Gesetzentwurf zur Abschaffung der Artikel 291 und 362 der Verfassung, die sich auf die Rechte der Prinzen bezogen, im Parlament eingebracht. Nach zweitägiger Debatte wurde der Entwurf mit knapper Zweidrittelmehrheit angenommen, verfehlte aber die Mehrheit im Oberhaus, der Rajya Sabha, um eine Stimme. Daraufhin beschloss das Kabinett, die Rechte der Maharadschas durch eine Verordnung des Staatspräsidenten abzuerkennen. Diese Verordnung wurde im Eilverfahren am 22. Dezember 1970 unterzeichnet. Die Prinzen klagten in der Angelegenheit vor dem Höchsten Gericht, das die Verordnung als *ultra vires* – außerhalb der präsidentiellen Zuständigkeit – erklärte. Doch die Atempause war nur kurz; im Dezember 1972 brachte die inzwischen wiedergewählte Kongressregierung erneut den Entwurf zur Verfassungsänderung ein, der diesmal als Gesetz angenommen wurde.

Die Abschaffung ihrer Rechte war für manche Prinzen ein Trauma, obwohl viele ihrer Klasse die endgültige Entmachtung vorausgesehen hatten. Der Nawab Iqbal Mohammed Khan von Palampur kommentierte diese tiefgreifende Veränderung: »Es war historisch unvermeidbar. Die Staaten waren wie ein großer Baum gewesen. Nach dem Beitritt zur

Die Rafath Zamani Begum von Rampur trägt hier eine Kette und ein Diadem aus Diamanten, die speziell bei Juwelieren in London oder Paris bestellt wurden. Im 20. Jahrhundert galt es als chic, Schmuck bei Cartier oder bei Tiffany anfertigen zu lassen.

Indischen Union hatte der Baum seine Wurzeln verloren, und es war nur eine Frage der Zeit, wann er umfallen würde. Die politische Propaganda gegen die Prinzen war zur Zeit der Aberkennung ihrer Rechte sehr erfolgreich, und die Prinzen waren nicht in der Lage, ihre Position in geeigneter Perspektive vorzutragen, besonders da mit der Zeit ihre Beiträge und ihre Opfer vergessen worden waren«.

Heute sind die Mitglieder der fürstlichen Familien in die indische Gesellschaft integriert und mit der Bewältigung des täglichen Lebens beschäftigt wie alle anderen auch, obwohl man auf hervorragende Beamte, Politiker, Diplomaten oder Sozialarbeiter, auf vortreffliche Cricket-Kapitäne, Schützen oder Polospieler aus dieser Schicht stoßen mag. Vielleicht war etwas ausgleichende Gerechtigkeit in dem undemokratischen Vorgehen, das ihre Schicksale besiegelte.

Im heutigen Zeitalter der Atomkraft, der Computer und der elektronischen Medien wären die Maharadschas ein Anachronismus, besonders in einer Demokratie. Für die Mitglieder der früheren königlichen Familien mag der nostalgische Rückblick ein angenehmer, doch fruchtloser Zeitvertreib sein. Jene, die mit der Zeit gingen, haben wesentlich zur Entwicklung ihres früheren Staates beigetragen und damit für die Entwicklung des Landes im weitesten Sinne.

Es wäre ungerecht, die früheren Prinzenstaaten zu bewerten oder zu verallgemeinern, vor allem wegen ihrer großen Vielfalt. Jeder Staat müsste individuell nach dem Herrscher, dem Staat, der Region oder der Dynastie eingeschätzt werden. Wie ein früherer Maharadscha bemerkte: »Es hängt davon ab, wer die Geschichte schreibt. Zur Zeit der britischen Herrschaft wurden die Geschichtsbücher aus britischer Sicht verfasst. In den Jahrzehnten nach der Unabhängigkeit wurden die Prinzen unfairerweise nach ein paar schwarzen Schafen beurteilt. Fünfzig Jahre nach der Unabhängigkeit haben die Menschen vielleicht eingesehen, dass die Probleme dieses Landes nicht komplett auf die einstige Herrschaft der Prinzen zurückzuführen sind.«

Es kann gesagt werden, dass die Fürsten zu ihrer Zeit der Nachwelt ein sehr wertvolles Erbe hinterlassen haben, das die Kultur und die Entwicklung des Landes sehr bereichert hat. Ihr Erbe ist heute sichtbar in Dämmen und Kanälen, in Bildungsinstitutionen und Bibliotheken, die von den Prinzen gegründet worden sind; in Kunstgalerien und Museen, in der Architektur, in Großwild-Reservaten und zoologischen Gärten, in klassischer Musik und klassischem Tanz und in exotischer Küche, auf den Sportplätzen, in den prächtigen Palästen und den Schlosshotels, wo der anspruchsvolle Gast noch immer die Anmut vergangener Zeiten spüren kann.

Die Maharadschas wurden oft bei speziellen Anlässen in Gold- oder Silbermünzen aufgewogen, die hinterher an die Armen verteilt wurden. Dieser Wiegestuhl sollte die Waagschalen ersetzen, er wurde aber selten benutzt, weil damit ein Teil des Rituals verloren ging.

Jodhpur

Begründer: Rao Jodha
Rathore Rajput, Hindu
Gegründet: 1459
Derzeitiger Regent: S.H. Gaj Singh II
Fläche: 92 279 km²
Salutschüsse: 17

JODHPUR, AUCH MARWAR GENANNT, WAR DER GRÖSSTE STAAT IN RAJPUTANA MIT EINER AUSDEHNUNG VON ÜBER 92 000 Quadratkilometern. Die Hauptstadt Jodhpur wurde 1459 von Rao Jodha gegründet und nach ihm benannt. Die Herrscher von Jodhpur stehen an der Spitze des Rathore-Klans der Rajputen. Ihre früheste Erwähnung ist schon in den Edikten des Kaisers Ashoka im 3. Jahrhundert v. Chr. zu finden und bezieht sich auf das Dekkan-Hochland. In den folgenden Jahrhunderten etablierte der Klan sich in mehreren Teilen Indiens, in Gujrat, Mittelindien, Marwar und in Kanauj, wo er außerordentlich mächtig wurde. Ständige Einfälle der muslimischen Invasoren zwangen jedoch die Rathors im 12. Jahrhundert in die Wüstenregion von Marwar auszuweichen. Zweihundert Jahre später festigte Prinz Chanda seine Herrschaft im Gebiet des Radscha von Mundore in der Nähe von Jodhpur. Zu der Zeit des tapferen Radscha Maldeo gewann der Staat weitere Gebiete in Merta, Nagaur und Phaludi, sogar in Teilen von Bikaner, Ajmer und Jaisalmer und reichte bis in die Nähe von Agra und Delhi. Nach mehreren unvorhersehbaren Wechselfällen des Geschicks und Konflikten mit den Marathen unterzeichnete der Staat 1818 einen Vertrag mit den Briten. Mehrere Jodhpur-Fürsten und ihre Adligen waren für ihren außerordentlichen Mut und ihr Heldentum bekannt. Unter ihnen war der weise und furchtlose Durga Dass, der mutig gegen den Mogulkaiser Aurangzeb kämpfte.Wandersänger und Barden in Radschasthan grüßen noch heute Frauen mit den Worten: *»O Mutter, schenke Söhnen wie Durga Dass das Leben, der erst den Damm von Moorda festigte und dann den Himmel abstützte.«* Nach dem Tode des Marwar-Herrschers Jaswant Singh in Attock in Afghanistan war sein posthum geborener Sohn in größter Gefahr, vom Feind getötet zu werden. Mitglieder des ganzen Rathore-Klans beschützten vereint den jungen Maharadscha und erzogen ihn bis zum Alter von einundzwanzig Jahren. Unter der genialen Führung von Durga Dass eroberte der Prinz schließlich mit Gewalt den Thron von Marwar zurück.

HANWANT SINGH, DER VATER DES GEGENWÄRTIGEN HERRSCHERS GAJ SINGH II. △

DER GEGENWÄRTIGE HERRSCHER VON JODHPUR, MAHARADSCHA GAJ SINGH II. Er genoss eine umfassende Erziehung zunächst im Internat Cothill in England und schloss dann 1971 das Studium der Volkswirtschaft an der Universität Oxford ab. Seine vielseitige Bildung kam ihm bei seinen gewählten Aktivitäten gut zustatten. Gaj Singhji ist einer der »erfolgreichen« früheren Herrscher, die ihr Leben kreativ und sinnvoll führen und in ihrem Staat Wohlstand, Bildungswesen und Gesundheitsfürsorge fördern. »Bapji« gilt als bedeutendstes Beispiel eines Herrschers der früheren Aristokratie, die informell weiterhin die erbliche Rolle des *Maa-Baap* und des *Annadata* für ihr Volk ausüben. △

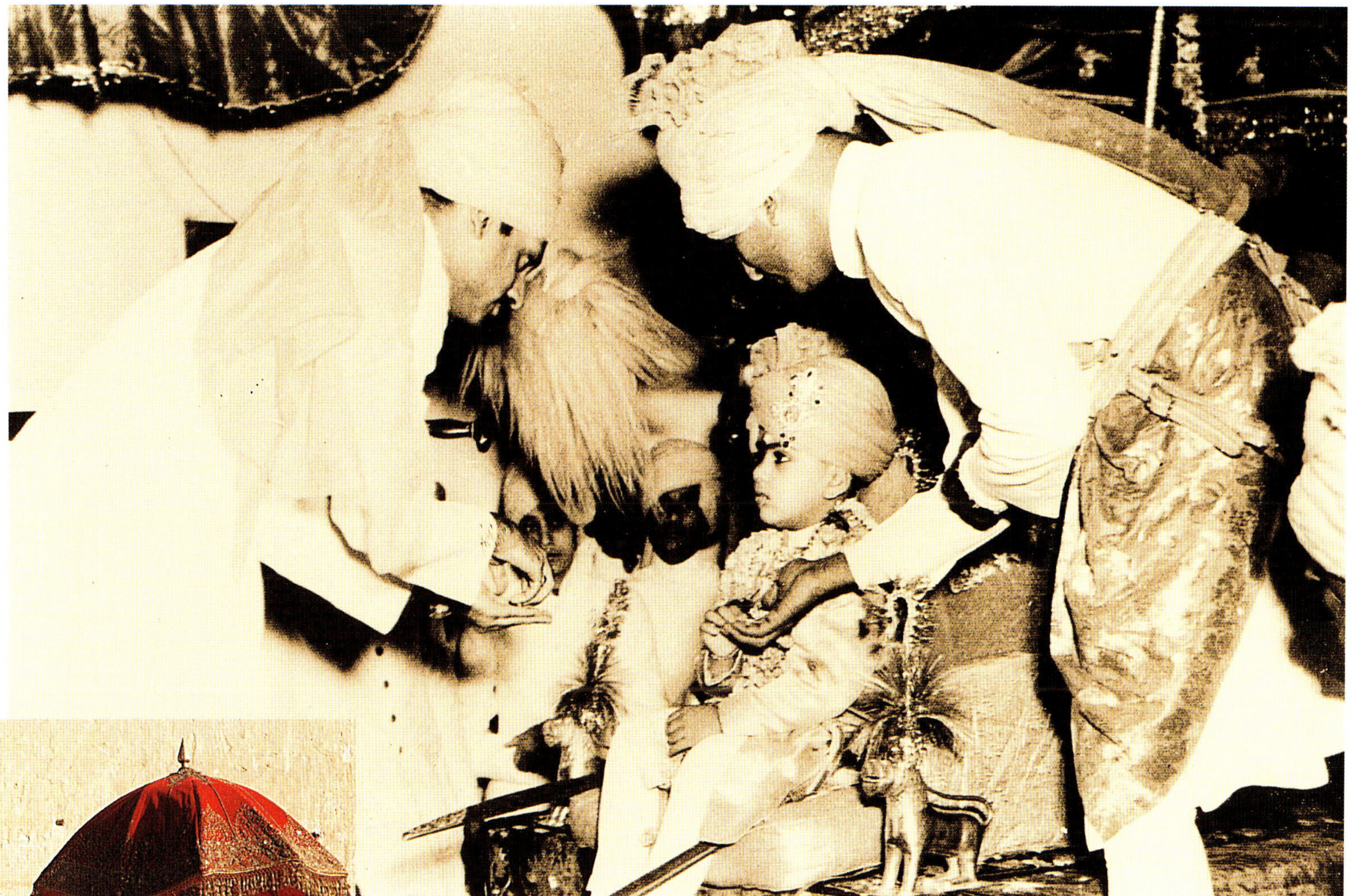

DIE KRÖNUNG VON MAHARADSCHA GAJ SINGH II: Sein Vater, Maharadscha Hanwant Singh, kam 1952 bei einem tragischen Flugzeugunglück ums Leben, und der junge Maharadscha Gaj Singh II. bestieg den Thron im Alter von vier Jahren als 38. Herrscher seiner Dynastie. Obwohl er hohes Fieber hatte, saß der junge »Bapji« auf dem Thron seiner Vorfahren im Shringar Chowk des Mehrangarh-Forts, um die *Nazar,* die Geschenke seiner Untertanen, zu empfangen. Nachdem die Adligen hohen Ranges im formellen *Achkan* (einer wadenlangen Jacke) gekleidet, ihre Huldigung dargebracht hatten, folgten der niedere Adel, die Landbesitzer und die Armen. Der Junge tat dann etwas Ungewöhnliches für ein Kind seines Alters. Instinktiv – oder vielleicht lag es ihm im Blut – nahm er das *Nazar* von einem Mann mit seiner rechten Hand und gab es mit seiner linken Hand weiter an den nächsten Mann.

DER UMAID-BHAVAN-PALAST IM BAU. Als 1929 eine verheerende Hungersnot den Staat heimsuchte, fasste Maharadscha Umaid Singh den Entschluss, einen Palast zu bauen, in erster Linie, um der hungernden Bevölkerung Arbeit zu verschaffen. Über dreitausend Arbeiter wurden beim Bau beschäftigt. Die steinige Oberfläche des Hügels wurde gesprengt, dann wurde Erde von weit her herangeschafft, um den Garten anzulegen. Die Möbel wurden in London bestellt, doch unglücklicherweise fiel das Lagerhaus, in dem das Meiste eingelagert war, während des 2. Weltkriegs Bomben zum Opfer. Der Rest wurde nach Indien verschifft, aber zu allem Unglück wurde das Schiff torpediert. Schließlich wurden die meisten Möbel von talentierten, einheimischen Handwerkern und Tischlern hergestellt. Die 60 Meter hohe Kuppel über der Mittelhalle ist das hervorstechende Wahrzeichen des Palastes.

UMAID BHAVAN VON HEUTE. Auf dem 13 Hektar großen Chittar-Hügel in Jodhpur steht der Umaid-Bhavan-Palast mit seinen 347 Zimmern, darunter acht Esssälen, eines der größten Privathäuser der Welt. Der Palast wurde von einem renommierten britischen Architekten, Henry Vaughan Lanchest, im Art-Deco-Stil der 1930er-Jahre gebaut, die Mauern bestehen aus einem komplizierten System ineinander verschränkter Quadern aus gelbem Sandstein. Der Palast wurde 1943 fertig gestellt.

MAHARADSCHA GAJ SINGH II.

◁ GEBURTSTAGSFEIER VON GAJ SINGH II IM ESSSAAL des Umaid Bhavan. Dieser riesige Raum wurde anlässlich der Hochzeit der Nichte des Hausherrn mit Maharadscha Mayurdhwaj Singh von Dhrangadhara eingeweiht. Seit mehreren Jahren widmet sich Maharadscha Gaj Singh der Förderung des Tourismus. Er begann mit der Umwandlung der ungewöhnlichen Familienresidenz, des Umaid-Bhavan-Palastes, in ein beliebtes Luxushotel und mit der Einrichtung eines Museums im Mehrangarh-Fort. Seit vielen Jahren konnte er als Vorsitzender der Radschasthan Tourism Development Corporation Bedeutendes zur Entwicklung und dem Wachstum des Tourismus im ganzen Staat beitragen. Gaj Singhs andere Interessen liegen im Bereich des Denkmalschutzes. Als aktives Mitglied des Vorstands von INTACH, der Indischen Nationalstiftung für Kunst, kulturelles Erbe und Umwelt, und als Vorsitzender ihrer Radschasthan-Abteilung half er mit, das Bewusstsein für die Erhaltung der alten Künste und der Kultur in dieser Weltregion zu wecken. Ebenso wichtig ist das Engagement des Maharadschas in der Sozialfürsorge, einschließlich der Schulbildung von Mädchen, der Rehabilitation von Witwen und der Integration pensionierter Soldaten. Er unterstützt die Entwicklung auf dem Land durch umweltfreundliche Projekte und die Förderung des Gesundheitswesens. In Anerkennung seiner bedeutenden Beiträge auf so vielen Gebieten, ernannte ihn die indische Regierung zum Botschafter in Trinidad und Tobago.

△ DAMENPARTY AN MAHARADSCHA GAJ SINGHs II.
◁ Geburtstag. Die Frauen der fürstlichen Familien lebten von der Außenwelt isoliert in den Frauengemächern, *Zenana* genannt. Historisch ist die Abschirmung der Frauen auf das rigide Kastensystem zurückzuführen. Nach den muslimischen Invasionen seit dem 11. Jahrhundert kam die Furcht vor Zwangsbekehrungen und Entführungen von Frauen auf, was zu ihrer völligen Abschirmung und Verschleierung führte. Ein junges Mädchen, gleich ob Hindu oder Muslimin, zog kurz vor der Pubertät in den *Zenana* ihrer Familie ein. Keinem Mann war es erlaubt, einzutreten oder gar die Damen anzuschauen, mit Ausnahme enger Verwandter und Knaben. Das junge Mädchen in *Purdah* (purdah bedeutet Vorhang) konnte die Welt nur durch feine Filigranfenster aus Marmor oder Sandstein, durch Netze oder Schleier betrachten. Auf Reisen sicherte ein ausgeklügeltes System von geschlossenen Wagen, dass sie nicht von Fremden gesehen werden konnte. In den einstigen *Zenana* blühten die Intrigen und manchmal waren die Königinnen die eigentliche Macht hinter dem Thron. Die Verschwörungen begannen oft bereits, wenn eine Gattin des Königs schwanger wurde oder das Kind noch in der Wiege lag. Prinzessinnen wuchsen umgeben von Klatsch und Aberglauben auf. Doch gab es auch partnerschaftliche Freundschaft unter den Frauen, Solidarität und gegenseitige Unterstützung, und die *Zenana* waren erfüllt vom Klirren des Schmucks, den lebhaften Farben der Kleider und dem Lachen von Frauen und Kindern. Feste und Feierlichkeiten waren freudige Abwechslungen. Am Geburtstag des Herrschers wurde eine Audienz für die Damen des Hofes abgehalten. Ein Insignienträger schritt voraus, gefolgt von den königlichen Damen in ihrer Rangfolge. Gesang und Tanz, begleitet von Musik, kennzeichnete das Ereignis. Die prachtvoll gekleideten Damen überreichten dem Herrscher ihre *Nazara* (Geschenke). In vielen Staaten folgte darauf das Kredenzen eines Schluckes Alkohol an die älteren Mitglieder des *Zenana* als ein Zeichen des Respekts!

△ SPIEL UND SPASS BEIM HOLIFEST IN JODHPUR. Im Urzeigersinn von links oben: Maharadscha Gaj Singh II., Maharaj Duleep Singh, die Holifarben, die fürstlichen Damen nehmen am Fest teil. Von allen Hindu-Festen ist Holi am fröhlichsten und farbigsten, besonders in Radschasthan. Es wird am Vollmondtag im März gefeiert und versinnbildlicht den Frühlingsanfang. Die Menschen bewerfen sich gegenseitig mit *Gulal,* Farbpulver, und buntem Wasser und freuen sich über das Anzünden des Holi-Feuers. Der Maharadscha nahm auf einem Elefanten reitend oft daran teil und gab so den Untertanen die Chance, ihn mit Farbe zu bespritzen. Miniaturmalereien der Marwar-Schule stellen die Bräuche dar, die traditionell während des Festes vollzogen wurden. Große Fässer gefüllt mit farbigem Wasser wurden in den Innenhof getragen, wo der Herrscher mit seinen Verwandten und den Thakur Holi feierte. Darauf folgte ein großes Bankett und eine Audienz, bei der dem Maharadscha *Nazar* dargeboten wurde. Tänzerinnen drehten sich und die Barden sangen *Phag*, Holi-Lieder. Am dritten Tag des Festes erwiesen die Untertanen dem Maharadscha ihre Ehrerbietung. Diese Tradition wird in Jodhpur immer noch aufrechterhalten, 30 Jahre nach der Abschaffung der fürstlichen Privilegien.

◁ GAJ SINGH II. VERLÄSST DEN FAMILIENTEMPEL. Wie in anderen königlichen Familien in Radschasthan sind auch die Mitglieder des Hauses Jodhpur tief religiös. Sie feiern alle wichtigen Feste und führen täglich Rituale im Familientempel durch.

MAHARADSCHA UMAID SINGH VON JODHPUR (links). Während der Verhandlungen mit den Fürstenstaaten in den Wochen vor dem 15. August 1947, als Indien unabhängig, aber geteilt wurde, hatten die Fürsten die Wahl, Indien oder Pakistan beizutreten. Die Einwohner von Jodhpur waren mehrheitlich Hindus, aber geografisch grenzte der Staat an Pakistan. Es heißt, dass Mohammed Ali Jinnah, der Vorsitzende der Muslim-Liga und Protagonist von Pakistan, eine Reihe von Treffen mit dem Maharadscha Hanwant Singh von Jodhpur hatte. Jinnah gab dem Maharadscha ein Stück Papier und seinen eigenen Füllfederhalter und bot ihm an, alle Bedingungen für den Beitritt selbst aufzuschreiben. Die *Jagirdar* und der Adel von Jodhpur waren jedoch gänzlich gegen den Beitritt zu Pakistan, und der Maharadscha wankte in seinem Entschluss. Nach langen Unterredungen mit dem Vizekönig und dem Staatssekretär V. P. Menon unterschrieb der Maharadscha von Jodhpur schließlich den Beitrittsvertrag zur Indischen Union.

DAS INNERE VON EINEM DER LUXURIÖSEN SALONWAGEN DES MAHARADSCHAS mit Teakholz-Panelen und Möbeln aus Rosenholz. Im königlichen Zug (im Uhrzeigersinn von oben links) der früher zwischen Jodhpur und Jaisalmer verkehrte: die Salons und Abteile mit eigenem Badezimmer sind jetzt am Umaid Bhavan geparkt und können von den Gästen benutzt werden; Maharadscha Gaj Singh bei einem Match mit Thakur Raju Singh im Billardzimmer des Palastes; die königliche Familie genießt ein paar private Momente beim Schachspiel; der Maharadscha sieht mit seinen *Thakur* einer Tanzvorstellung im Baradari zu.

THAKUR BHAWANI Singh von Bagri. Seit der Herrschaft von Maharadscha Bakhat Singh (1751–1752) fand die Krönungszeremonie der Maharadschas von Jodhpur im Shringar-Chowki-Fort statt. Während der Herrschaft von Rao Jodha, dem Gründer von Jodhpur, hatten die Thakur von Bagri die Ehre, dem neuen Herrscher den *Raj-Tilak*, das Stirnzeichen, aufzutragen. Früher schnitt man sich dabei mit einem zeremoniellen Dolch in den Daumen und drückte einen Tropfen Blut auf die Stirn des Maharadschas. Nach den Geschichtsquellen verzichtete Akhai Raj, der ältere Bruder von Rao Jodha, auf den Thron, zugunsten seines jüngeren Bruders, weil dieser das Land von Marwar nach langen Kämpfen zurückerobert hatte. Akhai Raj brachte den *Raj-Tilak* mit seinem Blut auf des Bruders Stirn an und schenkte ihm sein eigenes Schwert. Als Gegenleistung bekam er das *Jagir* von Bagri und seine Erben hatten weiterhin die ehrenvolle Aufgabe, bei Krönungen das *Tilak* anzubringen. Nach einer anderen Legende entstand nach dem Tode von Rao Suja ein Konflikt über die Nachfolge zwischen seinen Söhnen Viram und Ganga. Der Thakur von Bagri favorisierte den jüngeren Sohn, und zur günstigen Stunde schnitt er sich schnell in den Daumen und brachte das Blutzeichen auf der Stirn von Ganga an.

MAHARAJ SOBAGH SINGH, DER SOHN VON MAHARAJ AJIT SINGH VON JODHPUR (dem jüngeren Bruder des Maharadscha Umaid Singh) mit seinen beiden Söhnen, Ranvijay Singh (links), der Schwiegertochter Poornima Devi (Mitte) und dem jüngeren Sohn, dem berühmten Polospieler Karan Vijay Singh (rechts) im Ajit Bhavan. Als das erste Kind des Maharaj Ajit Singh – eine Tochter – geboren wurde, sagte ihm sein Bruder scherzend, er sei sehr neidisch, denn er hätte nur zwei Söhne und keine Tochter. Ajit Singh schenkte ihm daraufhin sofort seine Tochter, die Prinzessin Brijraj Kunvarba, mit den Worten: *»Annadata, sie ist dein«*. Die beiden Brüder standen sich sehr nahe und stritten nie – mit einer Ausnahme. Die Hochzeit der Prinzessin Brijraj Kunvarba mit dem Maharadscha von Dhrangadhara war im Fort angesetzt worden. Doch nach einer ungeschriebenen Regel durften nur Töchter des Herrschers selbst dort verheiratet werden. Die Adligen erinnerten sich an diese Sitte und eine Abordnung, angeführt von Ajit Singh selbst, versuchte den Maharadscha Umaid Singh davon abzubringen. Dieser sagte nur: *»Sie ist meine Tochter, Ihr könnt gehen.«*

MAHARADSCHA SAWAI MAN SINGH II. VON JAIPUR, Maharana Bhopal Singh von Udaipur und Maharadscha Umaid Singh von Jodhpur (von links). Nach der indischen Unabhängigkeit wurde aus den Fürstentümern in Rajputana der Bundesstaat Radschasthan geschaffen. Für einige Jahre wurde hier, wie auch in anderen früheren Fürstenstaaten, ein Maharadscha als so genannter *Rajpramukh* in der Rolle des Gouverneurs eingesetzt. Die Hauptstadt des neuen Staates sollte Jaipur sein. Die Politiker favorisierten die Ernennung des Maharadscha Man Singh II. von Jaipur. Doch der Maharana Bhopal Singh von Udaipur, der ranghöchste Fürst und Oberhaupt der 36 Rajputen-Klans machte seinen Anspruch auf den Posten geltend – trotz seiner angegriffenen Gesundheit. Ein Ausweg wurde gefunden, der Maharadscha von Jaipur wurde *Rajpramukh*, dem Maharana von Udaipur wurde der Titel *Maharajpramukh* auf Lebenszeit gewährt, die beiden Maharadschas von Jodhpur und Kota wurden Stellvertreter und die Herrscher von Bundi und Dungapur die »Junior«-Stellvertreter.

Jaipur

Begründer: Duleh Rai
Kachhwaha Rajput, Hindu
Gegründet: 1093
Derzeitiger Regent:
S. H. Bhawani Singh
Fläche: 43 900 km²
Salutschüsse: 17

MAHARANI GAYATRI DEVI MIT IHREM GATTEN MAHARADSCHA SAWAI MAN SINGH II. VON JAIPUR. Die Maharadschas von Jaipur gehören zu dem ehemaligen Rajputen-Klan der Kachhwaha und führen ihre Ahnen auf Kush, den Sohn von König Rama, dem Helden des Epos *Ramajana,* zurück. Der Kachhwaha-Klan wanderte 1093 nach Radschasthan ein, nachdem Duleh Rai den Stamm der Mina, die dort seit Jahrhunderten herrschten, besiegt hatte. Der erbliche Titel der Jaipur-Prinzen *Sawai*, welcher die Bedeutung »eineinviertel« hat, wurde dem jungen Maharadscha Jai Singh II. vom Mogul Kaiser Aurangzeb verliehen, denn dieser schätzte ihn als seinen Vorfahren sehr überlegen ein. Maharadscha Jai Singh II. herrschte von 1708–1743 und entwarf die Stadt Jaipur. Er wurde darin von Vidhyadhar Bhattacharya, einem bengalischen Architekten, versiert in den *Shilpashastra*, den klassischen Abhandlungen zur Kunst, unterstützt.

MAHARADSCHA SAIWAI MAN SINGH II. (im Urzeigersinn von links oben) und die Maharani Gayatri Devi teilen einen privaten Augenblick während eines Jagdausflugs; Maharani Gayatri Devi, die als eine der schönsten Frauen der Welt galt; das königliche Paar während einer Pause bei einem Polospiel; der Maharadscha im formellen Aufzug.

MAHARANI GAYATRI DEVI stellt dem Kronprinzen Bhawani Singh auf seiner Hochzeit die Gäste vor (im Uhrzeigersinn von links oben); der Bräutigam mit allen Insignien; Bhawani Singh mit der Königin Elisabeth II.; Bhawani Singhs Braut, Prinzessin Padmini Devi von Sirmur.

◁ DAS FORT VON AMBER ÜBERRAGT VON DER NAHARGARH-FESTUNG: Die Zitadelle wurde im 11. Jahrhundert gebaut und nach der Göttin Amba benannt. Die Festung Nahargarh wurde über dem Denkmal des Prinzen Nahar errichtet, und der Legende nach erlaubte der Geist des Prinzen nicht die Vollendung der Festung. Auf den Hügeln nahe Amber liegt auch die von kilometerlangen Mauern umgebene, uneinnehmbare Zitadelle Jaigarh. In der Zitadelle steht eine massive Kanone, *Jaivana* genannt, die im 15. Jahrhundert gegossen wurde und als die größte Kanone auf Rädern in der Welt gilt. Es heißt, dass im Jaigarh-Fort der sagenhafte Schatz der Kachhwahas versteckt ist. Um 1720 soll Radscha Man Singh I. seine Kriegsbeute von 1 Milliarde Rupien dort vergraben haben. Angehörige des Mina-Stammes bewachten den Schatz, und im Laufe der Jahre durfte jeder Herrscher von Jaipur einmal mit verbundenen Augen den Schatz besuchen und sich eines der unbezahlbaren Objekte herausnehmen. Die Versuche der heutigen Regierung, diesen Schatz zu finden, waren bisher erfolglos!

△ DAS HAWA MAHAL wurde 1799 in Jaipur für die Damen im königlichen *Zenana* gebaut. Der »Palast der Winde« ist ein schlankes fünfstöckiges Gebäude mit einem Dach in anmutigem Bogen. Die Fassade wirkt gewellt, als ob der Wind sie bewegte und besteht aus unzähligen Fenstern und Balkonen in kunstvoller filigraner Steinmetzarbeit. Die abgeschirmten Damen in *Purdah* konnten so die Außenwelt betrachten und gleichzeitig den kühlen Wind genießen.

◁◁ DAS RAMBAGH-PALASTHOTEL. Im frühen 19. Jahrhundert wurde Kesar, der Administratorin des *Zenana*, von der Königinmutter ein Stück Land außerhalb der Stadtmauern in der Nähe der kleinen Festung Moti Doongri geschenkt. Sie baute dort ein schönes Gartenhaus von Wald umgeben. Nach ihrem Tod wandelte Maharadscha Ram Singh II. das Gartenhaus in ein Gästehaus mit Jagdschloss um. Das neue Gebäude wurde nach dem Herrscher Rambagh genannt. Ram Singhs II. Nachfolger war sein adoptierter Sohn, der 1880 als Madho Singh II. den Thron bestieg. Dessen adoptierter Sohn Sawai Man Singh II. folgte ihm im Alter von 11 Jahren. Der junge Herrscher wurde in Rambagh einquartiert, in sicherer Entfernung von den Intrigen des *Zenana*. Er lebte später im Rambagh-Palast, mit seinen drei Maharanis und fünf Kindern, bis der Palast in ein Luxushotel umgewandelt wurde.

MAHARADSCHA BHAWANI SINGH UND KÖNIGINMUTTER GAYATRI DEVI VON JAIPUR hören im Mubarak Mahal einer Predigt zu. Dieses berühmte Gebäude wurde von Sir Jacob Swinton als Gästehaus entworfen und ist jetzt ein Museum. Links ist eine der beiden riesigen 1,60 Meter hohen Urnen aus Silber zu sehen, in denen Maharadscha Madho Singh II. heiliges Ganges-Wasser transportieren ließ, als er 1902 zur Krönung von König Edward VII. nach London reiste. Er erfreute sich eines kräftigen Appetits und pflegte morgens nach seinem Ausritt ein halbes Kilo *Kalakand* (eine Süßigkeit) zu essen und trank dazu ein großes Glas süße, zweimal gekochte und mit Safran gewürzte Milch. Wenn er bei Feiern in seiner zeremoniellen Festkleidung erschien, heißt es, musste er von zwei starken Männern gestützt werden, so schwer wogen seine Juwelen. Seine Armbänder reichten von den Armen bis zu den Handknöcheln, seine Krone war mit seltenen Smaragden und Perlen bestückt; seine Kette von riesigen Rubinen, Smaragden und blauen Diamanten hing bis unter die Taille seines reichen Brokatfestkleides. Ein gefüttertes Gewand in Lachsrosa von Madho Singh II. ist noch in der Textil- und Kostümabteilung des City Palace Museum in Jaipur zu sehen.

MAHARADSCHA BHAWANI Singh von Jaipur feiert seinen Geburtstag. Maharadscha Sawai Man Singh II. folgte 1922 auf den Thron im Alter von 11 Jahren. Zwei Jahre später wurde er mit der Schwester des Maharadschas von Jodhpur verheiratet und hatte mit ihr eine Tochter im Jahre 1929. Er übernahm die Regierungsgeschäfte 1931, im gleichen Jahr gebar die Maharani einen Thronerben, der Bhawani Singh getauft wurde. Er war nach zwei Generationen der erste männliche Erbe, der einem regierenden Fürsten geboren wurde. Zur Feier floss der Champagner in Strömen und der Spitzname des Babys hieß: »Bubbles«. Ein Jahr später heiratete Man Singh II. die Tochter des Maharadscha Sumer Singh von Jodhpur, Kishore Kunwar, die als »Zweite Ihre Hoheit« tituliert wurde. Sie gebar den zweiten Sohn Maharajkumar Jai Singh, als der Maharadscha sich gerade als fähiger Polospieler profilierte. Ein dritter Sohn, Maharaj Prithviraj, kam 1935 zur Welt. 1940 heiratete Maharadscha Man Singh II. die Prinzessin Gayatri Devi von Cooch Behar, eine legendäre Schönheit und hatte mit ihr 1949 einen Sohn, Maharajkumar Jagat Singh. Die ganze Familie lebte glücklich zusammen im Rambagh-Palast.

SAMODE WAR EINE DER WICHTIGSTEN THIKANA von Jaipur. Der Palast von Samode wurde im späten 19. Jahrhundert erbaut. Die Wände des Empfangssaals, des *Rang Mahal*, waren mit exquisiter Spiegelarbeit, Malerei und Vergoldung geschmückt. Das *Sheesh Mahal* daneben zeigt Glas und Spiegel – Einlegearbeiten und Friese mit gemalten Jagdszenen. Der Palast ist jetzt ein Hotel und diente als romantische Kulisse für Hollywoodfilme wie *Far Pavillions.* Tanz und Musik waren an den Höfen in Radschasthan ein sehr beliebter Zeitvertreib. Die Tänzer wurden von einer Vielfalt von Musikinstrumenten begleitet, wie den Trommeln *Dholak, Tabla* und *Mridang* und den Saiteninstrumenten *Veena* und *Sarangi.*

Ein ausgefeiltes Netz von Hierarchien und Verwandtschaftsbeziehungen bestand in den Fürstenstaaten, besonders in Radschasthan. Der Herrscher stand an der Spitze der Hierarchie, nach ihm rangierten die Adligen, allgemein *Samantas* oder *Sardar* genannt. Die *Thikanedar* waren oft nahe Verwandte, die Lehen oder *Thikana* vom Maharadscha erhielten. Sie gaben ihrerseits Land an ihre Abhängigen, die *Jagirdar.* Das System geht auf das Mittelalter zurück, als die Staaten ständig miteinander im Krieg lagen, und der Herrscher sich auf die Loyalität und die finanzielle wie militärische Unterstützung seiner Klanmitglieder verlassen musste. In Friedenszeiten halfen die *Thikanedar* und die *Jagirdar* dem Herrscher bei der Verwaltung. Beim Tode eines Lehensträgers fiel sein Gebiet an den Herrscher zurück, es wurde seinem Erben jedoch wieder verliehen, nachdem er der Sitte entsprechend sein *Nazarana* – sein Geschenk – als Beweis seiner Treue überreicht hatte.

THAKUR RAJENDRA Singh und Kumar Dalpat Singh aus der Lehnsfamilie der Uniara beim Dussehra-Fest. Die Thakur von Uniara gehören zu einer berühmten *Thikana*-Familie. Das Gebiet von Jaipur, dem früheren Dhoondhar, wurde durch Eroberung oder Verschwörung den Angehörigen des ansässigen Mina-Stammes abgenommen. Der 11. Kachhwaha-Herrscher, Prithiraj, hatte siebzehn Söhne, von denen nur zwölf überlebten. Er vermachte ihnen den Titel *Bara Kothri* – zwölf Kammern. Allmählich erwarben einige der Nachkommen weite Ländereien. Die *Bara Kothri* nahmen bei den Audienzen die höchsten Ehrenplätze ein. Die Klassifizierung und Rangfolge des übrigen Adels in Jaipur war sehr komplex: die Radschawat waren enge Verwandte des Herrschers, und im Falle des Ausbleibens eines männlichen Erben wurden Knaben aus diesen Familien adoptiert. Die Shekawat waren die Nachkommen des Radscha Shekaji und saßen auf den Lehen von Khetri, Sikar, Nawalgarh, Surajgarh, Manohargarh, Mandawa und Khandaila. Darunter rangierte der größte Teil des Adels, die *Khas Chowki,* Spezialgarde, genannt wurde.

ALLE GROSSEN HINDUfeste wurden von den Rajputen üppig gefeiert, aber das wichtigste Fest für diese Kriegerkaste war *Dussehra*, das an den Sieg von König Rama über den Bösewicht Ravanna erinnert, und ein Symbol für den Sieg des Guten über das Böse ist. Die Festlichkeiten begannen schon zehn Tage vor Dussehra und dauerten neun Tage und Nächte. Am ersten Tag wurden in den Palästen die Rüstungen der Ahnen und die Waffen der Familie in einer Zeremonie, *Sthapana* genannt, der Göttin Durga dargebracht. An diesem Tag wurden auch rituelle Opfer von Ziegen oder Büffeln durchgeführt. Am zehnten Tag des Dussehra-Festes wurde eine Audienz abgehalten, bei der den Thakur und anderen verdienten Untertanen Belohnungen und Beförderungen erteilt wurden. Eine *Puja* wurde vor dem heiligen Shami Baum und vor dem Thron zelebriert, dabei wurden alle Waffen und auch die Kampftiere, wie Pferde, Elefanten und Kamele gesegnet. Am folgenden Tag fand die »*Shalak*«-Zeremonie statt. Dabei begab sich der Maharadscha in großer Festkleidung mit all seinen Insignien auf den »Berg des Sieges«, um seine Truppen zu inspizieren. Das Fest, an dem das ganze Volk teilnahm, wurde oft mit einem Feuerwerk abgeschlossen.

JUNGER PRINZ AUS Bissau. Innerhalb ihrer *Thikana* oder Lehen besaßen die *Thakur* die absolute Macht über den niederen Adel, der ihnen treu ergeben war. Sie verwalteten und managten ihre Ländereien nach dem Muster des Maharadscha-Hofes. So hielten sie ihre eigenen Beratungssitzungen ab und Audienzen an Feiertagen und Geburtstagen. Wie an den größeren Höfen der Maharadschas fanden die Audienzen in der Durbar-Halle statt, wobei Barden das Lob des *Thakur* sangen. Die Nachfolge in diesen Lehen folgte dem Erstgeburtsrecht, und wenn kein Sohn geboren worden war, durfte aus verwandten Familien adoptiert werden.

BISSAU WAR EINER DER fünf unabhängigen kleinen Staaten in der Shekawati-Region bis sie als *Jagir* in Jaipur aufgingen. Dies führte zu Spannungen und Konfrontationen zwischen diesen Kleinststaaten, den Erben der fünf Kinder des Shardul Singh. Bissau wurde berüchtigt unter der Herrschaft von Thakur Shyam Singh (1771–1833), der gleichermaßen als Räuber und als furchtloser Krieger berühmt war. Er stellte sogar französische Söldner ein, um gegen Jaipur und gegen die Briten zu kämpfen.

Majisa Kormal Kumari, die Matriarchin der Familie und Tochter der Herrscher von Banswara, erinnert sich, wie sie 1932 nach ihrer Hochzeit in einem Auto mit dunklen Scheiben eskortiert wurde, denn in der Shekawati-Region war strikte Verschleierung Sitte.

Ihr Enkel Sanjay Singh ist jetzt das Haupt des Bissau-Klans. Er wandelte den kleinen Stadtpalais in Jaipur vor etwa zehn Jahren in ein Hotel um, dessen besonderer Charme in seiner Waffensammlung und in seiner großen Bibliothek liegt. Majisa kicherte: »Maharadscha Man Singh von Jaipur ließ sich für Titel bezahlen – Khetri, Bissau, Nawalgarh – wir alle gaben ihm 40 000 Rupien für unsere Titel. Damals fragte niemand danach, ob diese Titel erblich wären und heute kommt es nicht mehr darauf an.«

Bharatpur

Begründer: Suraj Mal, Jat, Hindu
Gegründet: 1733
Derzeitiger Regent: S. H. Vishvendra Pratap Singh
Fläche: 5216 km^2; Salut: 17 Schüsse

MAHARADSCHA VISHVENDRA PRATAP SINGH VON Bharatpur, der gegenwärtige Regent des Hauses, der auch Politiker ist (auf der Abbildung links in Weiß), mit seinem verstorbenen Vater Maharadscha Brijendra Singh im prächtigen Golbagh-Palast, der Anfang des 20. Jahrhunderts gebaut wurde und von einem Garten im Mogulstil umgeben ist. Oben: der junge Prinz von Bharatpur, der Sohn des gegenwärtigen Maharadschas. Bharatpur war das einzige Königreich in Radschasthan mit einer Jat, d. h. eine Bauern-Dynastie, die meisten anderen Staaten hatten Rajputen-Herrscher. Der Maharadscha war das Oberhaupt des Sinsinwar-Klans der Jat. Die Geschichte des Staates geht auf das Königreich Matsyadesh im 5. Jahrhundert v. Chr. zurück, als seine Herrscher weite Gebiete in der Nähe von Multan (im heutigen Pakistan) besetzten. Die Jats widerstanden den Einfällen islamischer Eroberer wie Mahmud von Ghazni, Timur, Babar und anderen Moguln. Die Armee des Churaman überzog kühn Gebiete der Moguln und plünderte dort. Nach dem Tode des Kaisers Aurangzeb zogen die Jats nach Süden und ließen sich in der Nähe von Deeg nieder. Maharadscha Suraj Mal baute eine der am stärksten geschützten Festungen. Er dehnte sein Reich weiter aus und verbündete sich später mit den Marathen, die er jedoch vor der Schlacht von Panipat im Stich ließ.

MAHARADSCHA VISHVENDRA PRATAP SINGH von Bharatpur mit seiner Maharani und dem Kronprinzen. Ein weltberühmtes Vogelreservat befindet sich in Bharatpur, das *Keoladeo Ghana Bird Sanctuary*. Der Name des Reservats ist abgeleitet von *Ghana* – dicht – und *Keoladeo*, einem der Namen von Schiwa, dem hier ein Tempel gewidmet ist. Das Reservat mit seinen 6 Hektar Marschland und üppigem Wald ist ein Paradies für Ornithologen. Der Park wurde von Maharadscha Oberst Brijendra Singh und davor von seinem Vater entwickelt. Sie bauten eine Reihe von Deichen und Dämmen und zur Zeit der britischen Herrschaft fanden hier Entenjagden in großem Stil statt. Es wurden dort wohl mehr Schüsse von britischen Prokonsulen abgefeuert als von irgendeinem anderen Jagdgrund. Über der Marsch lagen kleine Inseln verstreut, die der Maharadscha mit Straßen, breit genug für Autos, miteinander verband, um die VIPs zu ihren Schießständen zu bringen. Es gab damals 50 Schießstände auf oder an dem See, und wenn die Enten beim ersten Hörnerklang aufflogen, hörte man »einen Lärm wie Donner«. Heute überwintern eine Fülle von Vögeln in dem Reservat, Enten, Gänse, Adler, Störche, Eisvögel, Reiher und der seltene sibirische Kranich aus Russland.

MAHARADSCHA BRIJRAJ SINGH von Kotah mit der Maharani Saheb Uttara Devi (von der Familie und engen Freunden »Honey« genannt). Das Haus Kotah ist eine Abspaltung von der Bundi-Familie, beide gehören der Hara-Sekte der Chauhan-Rajputen an. Um 1342 zog Jet Singh, ein Enkel des damaligen Klanoberhauptes, von Bundi nach Osten, überquerte den Fluss Chambal und annektierte das Land des Koteah Bhil Stammes, das später Kotah genannt wurde. Das Land gehörte über zweihundert Jahren seinen Nachkommen, bis es 1532 von Rao Suraj Mal von Bundi übernommen wurde. Ein weiteres Jahrhundert später schenkte Rao Ratan Singh von Bundi seinem zweiten Sohn Madho Singh das Land und das *Jagir* von Kotah. Die Schenkung wurde von Kaiser Jehangir und erneut von Shah Jahan bestätigt. Seit 1625 nannten sich die Herrscher von Kotah *Radscha*. Die Stadt hat zwei schöne Paläste, den City Palace der mit exquisiten Fresken und Spiegelarbeiten ausgeschmückt ist und den Umed-Bhavan-Palast, der von Sir Jacob Swinton entworfen wurde und vom Maharadscha Umed Singh II. 1889–1940 (dem Großvater des gegenwärtigen Familienoberhaupts) in Auftrag gegeben wurde. Der Staat blühte unter seiner Regierung.

DER DUNGARPUR-PALAST. DER Juna Mahal in Dungarpur hat eine Flucht von Appartements, die mit exquisiten Einlegearbeiten und Malereien ausgeschmückt sind. Es ranken sich viele Legenden um die Gründung von Dungarpur, dessen Familie als der ältere Zweig der Sisodia-Familie von Mewar gilt. Eine Geschichte, die auf das Jahr 1171 zurückgeht, erzählt von einem Streit zwischen dem Rana von Mewar und seinem ältesten Sohn Samant Singh. Die Hochzeit des Sohnes stand bevor und die glückverheißende Kokosnuss, die der Tradition nach dem Bräutigam von der Familie der Braut gesandt wird, wurde versehentlich vom Vater angenommen. Der verärgerte Kronprinz bestand darauf, dass der Vater die Braut heiraten solle und verließ den Staat. Der Sohn aus dieser Ehe folgte auf den Thron von Mewar, während der älteste Sohn sein eigenes Reich in Dungarpur gründete. Nach einer anderen, weniger romantischen Legende gab Samant Singh bereitwillig den Thron zugunsten eines jüngeren Bruders auf, der ihm in der Schlacht das Leben gerettet hatte. Die heutige Generation der Dungarpur-Familie hat sich in mehreren Bereichen hervorgetan. Maharawal Lakshman Singh wurde viermal hintereinander in das Landesparlament von Radschasthan gewählt und hatte eine bemerkenswerte politische Laufbahn. Er hatte zwei Söhne: Raj Singh, der jahrelang im Management des Cricketsports tätig war und Mahipal Singh. Lakshman Singhs Bruder, Nagendra Singh, war Vorsitzender des Internationalen Gerichtshofes in Den Haag.

△ MAHARADSCHA BRAJRAJ SINGH
von Kishengarh

◁ MAHARANI MEENAKSHI DEVI
von Kishengarh

Kishengarh

Gründer: Kishen Singh
Rathore Rajput, Hindu
Gegründet: 1575
Derzeitiger Regent:
S. H. Brajraj Singh
Fläche: 2 258 km^2
Salut: 15 Schüsse

DER STAAT KISHENGARH, zwischen Jaipur und Ajmer gelegen, wurde 1575 von Kishen Singh, dem achten Sohn des Radscha Udai Singh von Jodhpur gegründet. Im Laufe der Zeit wurde Kishengarh für seine Miniaturmalerei berühmt. Maharadscha Kishen Singh war ein Anhänger der Vallabhacharya-Sekte. Sein Glaube an Krischna setzte sich in den nachfolgenden Generationen fort und beeinflusste stark die Musik, den

◁ **M**AHARADSCHA BRAJRAJ SINGH ZEIGT sich dem Volk nach einer *Puja.*

▽ **G**HUMAR-VORSTELLUNG ZUM GANGAUR-Fest. Es symbolisiert die Hochzeit der Muttergottheit Parvati mit Schiwa. Der Legende nach verliebte sich Parvati in Schiwa und war entschlossen, ihn zu heiraten. Sie fastete mit solcher Inbrunst, dass es am Himmel donnerte und die Götter Schiwa anflehten, sie zu heiraten. Das Gangaur-Fest steht für Entschlossenheit, Buße und Erfüllung. Die Frauen von Kishengarh, gehüllt in ihre schönsten Kleider, tragen Tontöpfe und Tonfiguren von Parvati auf ihren Häuptern und versammeln sich im alten Fort, um den rythmischen *Ghumar* zu tanzen. Alle sind in Rot gekleidet, der Farbe, die Liebe, Ehe und Vereinigung symbolisiert.

Tanz, die Literatur und die Kunst dieser Region. Die Kishengarh Schule der Malerei erreichte ihren Höhepunkt unter Maharadscha Sawant Singh (1748–1764), der besser als *Nagaridas* bekannt war. Das vorherrschende Thema der Malerei ist der Tanz des Krischna *Leela.* Ein charakteristisches Merkmal dieser Malerei sind die langen, schlanken männlichen und weiblichen Figuren, bei denen eine starke Kehle sichtbar ist. Zu der Zeit waren weibliche Darstellungen mit dem Gesicht und der Figur von *Bani Thani*, einer schönen Sängerin bei Hofe, weit verbreitet. Es heißt, dass Maharadscha Sawant Singh, ein großer Förderer der Künste und selbst ein beachtlicher Maler sich in Bani Thani verliebte. Der bekannte Künstler Nihal Chand malte Nagaridas und seine geliebte Bani Thani als Radha und Krischna.

△ PALASTDIENER BEZEUGEN
ihren Respekt

◁ DER HEUTIGE MAHARADSCHA VON KARAULI
Maharadscha Krishen Chander Pal

Karauli

Begründer: Arjun Pal, Jadon Rajput, Hindu
Gegründet: um 1348
Derzeitiger Regent: S. H. Krishen Chander Pal
Fläche: 3 268 km², Salut: 17 Schüsse

DIE MAHARADSCHAS VON KARAULI stehen an der Spitze des Klans der Jadon-Rajputen und führen ihre Abstammung direkt auf Krischna zurück. Sie wurden zuerst 995 erwähnt. Der Tradition nach verlegten Yadu, der Radscha von Mathura, und sein Sohn Jindra Pal ihre Hauptstadt nach Bayana, einer befestigten Stadt, die später von Bharatpur erworben wurde. Große Teile des Staates wurden 1196 von Mohammed Ghori erobert, und der Herrscher flüchtete sich in das Dorf Rewah. Sein Nachkomme Arjun Pal gewann das Territorium zurück. 1348 baute er eine befestigte Hauptstadt mit einem Tempel, der dem Gott Kalyan gewidmet war. Der Legende nach beobachtete der Maharadscha bei der Jagd, wie ein Lamm einen Wolf abwehrte. Daraufhin nannte er sein Reich nach Kalyan, das zu Karauli wurde. Der Staat grenzte im Norden an Bharatpur, im Nordwesten und Westen an Jaipur, im Süden und Südosten an Gwalior und im Osten an Dholpur.

DER GEGENWÄRTIGE MAHARADSCHA KRISHEN CHANDER PAL ALS KIND. Sein Großvater Ganesh Pal überlebte seine beiden Söhne. Daher folgte Krishen Chander Pal seinem Großvater auf den Thron. Sein Sohn Prinz Viraswat (oben rechts) studiert am Mayo College in Ajmer (in der fünften Generation). Seine Frau, die Maharani Rohini Kumari, stammt aus Garhi im Banswara Distrikt von Radschasthan.

△ JUNGE PRINZEN AUS KAROLI (2. und 3. von links) UND HIMMET NAGAR IN GUJRAT (1., 4., 5., 6. von links). In gut regierten Hindu- oder Muslim-Staaten bekamen die Prinzen und Prinzessinnen eine strenge Erziehung. Der Tag begann frühmorgens mit Gymnastik, Reiten und Sportarten wie Bogenschießen, Hockey, Schießen, Cricket, Fußball und Tennis. Bevor die Kinder alt genug waren, um Schulen oder Internate zu besuchen, wurde ein striktes Tagesprogramm eingehalten. Großer Wert wurde auf die religiöse Unterweisung und auf Sprachen gelegt: Englisch, Hindi, Sanskrit, Urdu, Persisch und die Lokalsprache im Staat. Sport und Spiel wurden am Abend wieder aufgenommen, gefolgt von Besuchen bei den Eltern und Gebetsstunden. Gleiche Bedeutung kam der Kenntnis der Hofetikette und der komplizierten Rituale bei offiziellen Zeremonien zu: »Alles wurde auf Bruchteile von Sekunden geprobt; wie lange brauchst du, um zu deinem Vater heraufzuschreiten, um das *Nazar* zu überreichen, wie lange dauert es rückwärts zu deinem Platz zurückzukehren, mit dem Schwert in der Hand, ohne zu stolpern oder zu fallen.«

FOTO, AUFGENOMMEN IM RAJ VILAS nach der Hochzeit des Maharajkumar Bhagwat Singh von Mewar mit der Enkelin des Maharadscha Ganga Singh von Bikaner. Sitzend von links nach rechts: Maharajkumar Karni Singh von Bikaner, der Bräutigam Bhagwat Singh von Mewar (Udaipur), sein Vater Maharana Bhopal Singh von Udaipur, Maharadscha Ganga Singh von Bikaner, sein Sohn und Kronprinz Yuvraj Sadul Singh und Maharajkumar Amar Singh. ▷▷

Bikaner

Begründer: Rao Bikaji,
Rathore Rajput, Hindu
Gegründet: 1465
Derzeitiger Regent:
S. H. Narender Singh
Fläche 61 355 km^2
Salut: 17 Schüsse

◁ DIE LALGARH-KAPELLE von Bikaner. Bikaner ist der nördlichste Staat in Radschasthan in der Thar-Wüste gelegen. Sein Motto ist: »Es lebe der König der Wüste«. Der Staat wurde 1465 von Rao Bikaji, einem Sohn von Rao Jodha von Jodhpur, gegründet. Unter der Regierung von Maharadscha Sir Ganga Singh, die 56 Jahre währte, wurden viele Entwicklungsprojekte lanciert. 1899 wurde der Staat von der schlimmsten Dürre und Hungersnot heimgesucht. Der Maharadscha organisierte persönlich die Hilfsmaßnahmen. Der Bau des Ganga-Kanals 1927 milderte die Wasserknappheit und begrünte Teile der Wüste.

DER THRON DER AHNEN IN BIKANER (in Uhrzeigersinn von oben links); Inneneinrichtung des Anup Mahal im Junagarh-Fort; ein altes Flugzeug aus dem 1. Weltkrieg im Fort von Bikaner; die holzgetäfelte Halle mit auserlesenen Schnitzereien. Das alte Junagarh-Fort in Bikaner wurde 1588 von Radscha Rai Singh gebaut, der von 1571–1611 regierte. Im Gegensatz zu den meisten Festungen in Radschasthan wurde es in der Ebene der Wüste Thar errichtet. In den folgenden Jahrhunderten entstanden viele Anbauten. Das Fort, das die Säle Karan, Chandra, Anup und Phul Mahal und die Durga und Lal Niwas Pavillions umfasst, besitzt eine atemberaubende Sammlung von seltenen Antiquitäten und Kunstgegenständen. Dazu gehört der meisterhaft gearbeitete Sandelholz-Thron aus dem 5. Jahrhundert. Rao Bika brachte diesen Thron 1486 aus Jodhpur mit anderen Erbstücken aus der Marwar-Familie, wie eine Statue der Familiengottheit, Kriegstrommeln, dem zeremoniellen Schirm des Staates und einem Schild mit eingelegten Diamanten. Der majestätische Krönungssaal im Anup Mahal, der 1669 erbaut wurde, zeigt exquisite Lackarbeiten in Gold und Rot und kunstvolle Spiegeleinlegearbeiten. Der Raum wird von reich bemalten Marmorsäulen gestützt. Das Museum des Forts ist in dem von Maharadscha Ganga Singh erbauten Flügel Ganga Niwas aus rotem Sandstein untergebracht. Dort wird eine einzigartige Sammlung von Miniaturen, Manuskripten und Waffen gezeigt.

△ **D**ER VERSTORBENE MAHARADSCHA DR. Karni Singh, ein hervorragender Parlamentarier und Schütze.

◁ **D**IE GEGENWÄRTIGE BIKANER-FAMILIE im Zimmer der Jagdtrophäen. Sitzend: der Maharadscha, seine Mutter und seine Frau; stehend: seine drei Schwestern.

DER MAHARADSCHA KARNI SINGH lernte im Alter von sechs Jahren zu schießen, aber als er älter war, gab er allmählich die Jagd auf. »Ich wurde in eine Familie großer Jäger geboren. Auf der anderen Seite war der Einfluss meiner Mutter, die Vegetarierin war, sehr stark. Eines Tages nahm mein Vater mich mit auf die Vogeljagd, und ich schoss drei Rebhühner. Ich konnte nächtelang nicht schlafen, weil mich das so bedrückte. Schließlich gab ich die Jagd auf und widmete mich dem Tontauben-Schießen.« Der Maharadscha nahm 1952 an dem ersten indischen Turnier im Schießen teil, konnte aber keinen Erfolg erzielen. Auch im nächsten Jahr blieb er erfolglos.

»1959 reiste ich nach Amerika und lernte dort Warren Page, den Chefredakteur von *Field and Steam,* kennen. Er trainierte einen Tag mit mir und beriet mich, welchen Typ von Gewehr ich kaufen sollte. Ich brachte dieses Gewehr nach Indien mit und innerhalb von sechs Monaten wurde ich in das olympische Team aufgenommen und landete auf Platz acht der Weltrangliste.« Danach vertrat der Maharadscha Dr. Karni Singh sein Land bei drei Olympiaden im Schießen.

PRITHVI SINGH Thakur von Harasar, einem Lehen von Bikaner, mit seiner Frau, die aus Doongiri stammt, und ihrem Lieblingshund. Die Maharadschas und ihre Adligen waren geschickte Jäger. Viele besaßen große Gestüte von Vollblutpferden und Zwinger mit Rassehunden. Der Nawab von Junagadh, einem Staat im Westen Indiens, war für seine Passion des Hundezüchtens berühmt. Seine Lieblingshunde wurden in kostbare Gewänder gekleidet und in luxuriösen Zwingern gehalten, die Strom und Telefon aufwiesen! Die »Hochzeit« der Lieblingshündin des Nawabs, Roshanara, wurde in großem Stil gefeiert. Tausende von Gästen versammelten sich, um die »Hochzeit« mitzuerleben, als die mit Juwelen geschmückte »Braut« auf einem Samtkissen sitzend in großer Zeremonie mit dem auserlesenen Spaniel zusammengeführt wurde, begleitet von den Klängen der Blaskapellen. Nachdem die »Ehe« vollzogen war, wurde jedoch der unglückliche Spaniel ohne Aufhebens in den allgemeinen Zwinger entlassen.

Jaisalmer

Gründer: Rao Jaisal, Jadon Bhatti Rajput, Hindu
Gegründet: 1156
Derzeitiger Regent: S. H. Brijraj Singh
Fläche: 42 268 km^2
Salut: 15 Schüsse

BRIJRAJ SINGH, DER derzeitige Maharawal von Jaisalmer, verlässt den Tempel nach den Gebeten während seiner Hochzeit. Der Ursprung des Hauses Jaisalmer ist von Mythen umgeben. Nach der Schlacht im Epos *Mahabharata*, heißt es, kamen Arjun, einer der Pandava-Brüder, und Krischna zu dieser felsigen Oase, um ein Opfer darzubringen. Krischna warf seinen Diskus, und ließ auf diese Weise eine Süßwasserquelle auf einem öden Hügel mit drei Gipfeln entspringen. Krischna sagte voraus, dass einer seiner Nachkommen aus dem Yadav-Klan eines Tages in der Nähe dieses Bächleins ein Königreich in der öden Wüste gründen würde. Ein Bhatti Rajput, Rao Jaisal, kam zufällig im 12. Jahrhundert an diesem Hügel vorbei. Er traf den Eremiten Eesul, der ihm Krischnas Prophezeihung auf einem Felsen eingemeißelt zeigte. Rao Jaisal, der dem Yadav-Klan angehörte, beschloss seine Hauptstadt an diesen bemerkenswerten Ort zu verlegen, trotz der Weissagung des Eremiten, dass die neue Hauptstadt zweieinhalbmal von Feinden geplündert werden würde.

△ DER MAHARADSCHA VON JAISALMER EMPFÄNGT
◁ *Nazarana* von seinen Untertanen bei seiner Hochzeit mit einer Prinzessin aus Nepal.

DIE FRISCH VERHEIRATETE MAHARANI VON Jaisalmer. ▷

NACH DER WEISSAGUNG DES EREMITEN Eesul sollte Jaisalmer zweieinhalbmal gestürmt und geplündert werden. Der erste Angriff erfolgte im Jahre 1295. Die Prinzen von Jaisalmer hatten eine Karawane von 3 000 Pferden im Besitz des Sultans von Delhi Alauddin Khilji überfallen. Daraufhin ließ der Sultan Jaisalmer acht Jahre lang belagern und, bevor die Festung sich ergeben musste, begingen 24 000 Frauen Selbstmord nach dem *Jauhar*-Ritus durch Selbstverbrennung oder durch das Schwert. Nach James Tod *»floss das Blut in Strömen, während der Rauch des Scheiterhaufens zum Himmel aufstieg.«* Die zweite Plünderung ereignete sich einige Jahre später, als Prinz Tilusi von Jaisalmer ein wertvolles Pferd raubte, das dem Sultan Feroz Shah von Delhi gehörte. Wiederum warfen sich 16 000 Frauen ins Feuer. Die vorausgesagte »halbe« Eroberung fand im 16. Jahrhundert statt, als ein benachbarter Pathan-Herrscher eine Gruppe von Sänften in die Festung brachte, in der angeblich die Frauen seines Hofes säßen. Es hatten sich darin aber Soldaten versteckt. Eine Schlacht folgte und der Radscha von Jaisalmer befürchtete die Niederlage, ohne genügend Zeit für den *Jauhar*-Ritus zu haben, daher erschlug er alle Frauen selbst. Es stellte sich hinterher heraus, dass dieses Opfer sinnlos war, denn der Feind konnte mit Hilfe von eintreffender Verstärkung zurückgeschlagen werden.

JACK GIBSON, DIE LEGENDÄRE PERSÖNLICHKEIT hinter dem Mayo College in Ajmer. Als der legendäre Jack Gibson 1954 die Leitung des Mayo Colleges übernahm, lagen Veränderungen bereits in der Luft. Während Gibson die Traditionen und den hohen Standard dieser Schule für indische Prinzen beibehielt, erfüllte er das College mit neuer Dynamik und entwickelte es von einem Verlustbetrieb zu einem der erfolgreichsten Internate in Indien. Der erste Student, Maharadscha Mangal Singh von Ajmer, traf zur Eröffnung des Colleges 1875 auf einem Elefanten reitend ein. Der Grundstein für das Hauptgebäude wurde 1878 gelegt, die Eröffnungsfeier fand am 7. November 1885 statt. Das Ziel des Colleges war es, eine liberale Bildung nach dem Vorbild der britischen Internate zu vermitteln. Spiele, Leichtathletik und Reiten waren ein wichtiger Teil des Lehrprogramms. Neun Wohnheime für die Schüler wurden von verschiedenen Herrschern Rajputanas in der Nähe des Hauptgebäudes gebaut.

△ STUDENTEN IN IHREN Turbanen

◁ DIE AULA DES MAYO Colleges

IM UNGETEILTEN INDIEN wurden von den Briten vier Internate für die Söhne der Fürsten gegründet, in Ajmer, Lahore, Rajkot und in Indore. Jeder der jungen Prinzen erschien in Begleitung von bis zu hundert Bediensteten. Dazu gehörten ihre britischen und indischen Erzieher, Lehrer für Sanskrit und Hindi, Wächter, Priester, Kammerdiener, Köche und Barbiere. Sie brachten auch ihre eigenen Pferde, Wagen und später Autos mit. Im Schulunterricht trugen die meisten Prinzen indische Kleidung. Doch zum Abendessen erschienen sie im Smoking. Sport war ein wichtiger Teil des Unterrichts, und an Wochenenden widmete man sich oft der Beobachtung von Vögeln oder der Jagd.

DIE PORTRÄTS VON HERRSCHERN IN DER AULA des Mayo Colleges. Im Uhrzeigersinn von links oben: Maharadscha Ganga Singh von Bikaner, Maharao Radscha Raghubirsingh von Bundi, Maharadscha Umaid Singh von Kotah, Maharaj Rana Sir Bhawani Singh Bahadur von Jhalawar, Saliyahan Bahadur – der Maharawal von Jaisalmer, Maharadscha Madho Singh von Jaipur.

Udaipur (Mewar)

Begründer: Guhil, Sisodia
Gehlot Rajput, Hindu
Gegründet: 566
Derzeitiger Regent:
S. H. Bhagat Singh
Fläche: 33 987 km²
Salut: 19 Schüsse

SHRIJI ARVIND SINGHJI VON MEWAR

△ ARVIND SINGH, DER JÜNGERE SOHN VON BHAGWAT SINGH VON UDAIPUR, HÄLT SEIN SCHWERT AUS DEM EKLINGJI Tempel kommend. Der herausragendste Herrscher von Udaipur (Mewar) im 19. Jahrhundert war Maharana Fateh Singh, um den sich viele Geschichten ranken. Er wurde 1853 geboren, bestieg den Thron 1885 und regierte 45 Jahre lang. Der Maharana, der die geachtete Position des Oberhauptes aller Rajputen-Klans innehatte, war die Verkörperung von Majestät und Würde. Er konnte jedoch nicht einfach die erzwungene Unterordnung unter die Briten akzeptieren und ließ keine Gelegenheit aus, ihnen das zu zeigen. Als der Vizekönig Lord Curzon 1903 eine *Durbar* in Delhi abhielt, blieb der Sitz des Maharana leer, da er es als unter seiner Würde befand, an dieser Audienz teilzunehmen. Bei der nächsten *Durbar* 1911 zu Ehren von König Georg V. und Königin Mary blieb der Stuhl des Maharana ebenfalls unbesetzt. Während des Ersten Weltkriegs war er einer der wenigen Maharadschas, die sich weigerten, den britischen Kriegseinsatz zu unterstützen. Er argumentierte, da kein englischer Soldat sein Leben für Indien verloren hatte, sah er keinen Grund, weshalb Inder für einen britischen Kampf sterben sollten. Als die britische Regierung ihm den höchsten militärischen Orden, den *Grand Commander of the Indian Empire* verlieh, befahl er seinen Reitknechten, den Orden um den Hals seines Lieblingspferdes zu hängen. Bei einer anderen Gelegenheit, als der Resident für Rajputana ihn um eine Landkarte seines Reiches bat, schickte er ein *Papad*, einen knusprigen Fladen aus Linsenmehl und erklärte, die Falten und Ränder dieses Knabberzeugs stellten die physische Beschaffenheit seines Staates dar.

◁ DIE HOCHZEIT VON KRONPRINZ BHAGWAT SINGH VON UDAIPUR (Vater von Arvind Singhji und Mahendra Singhji) mit der Enkelin des Maharadscha Ganga Singh von Bikaner. Eheschließungen wurden in den Rajputenfamilien normalerweise arrangiert mit der Hilfe von Mittelsmännnern und -frauen wie Verwandten oder Priestern der Familien. Dem zukünftigen Bräutigam wurde zwar ein Foto der Braut gezeigt, aber aufgrund der Sitte der Verschleierung lernte das Paar sich selten vorher kennen. Bündnisse zwischen zwei bedeutenden Fürstenhäusern waren dabei oft die wichtigsten Überlegungen, und daher war manchmal die Braut älter als der Bräutigam. Strenge Kasten- und Klanregeln mussten eingehalten werden, denn zwei Menschen, die dem gleichen Rajputen-Klan angehörten, durften nicht heiraten, so konnte z. B. ein Sisodia keinen anderen Sisodia ehelichen.

△ MAHARANA BHOPAL SINGH VON MEWAR, der Großvater des gegenwärtigen Maharanas.

◁ DURBAR DES MAHARANA FATEH SINGH (Mitte) am Choti Chitra Shalika Chowk, am 19. Februar 1890, anlässlich des Besuches von Prinz Albert Victor (zu seiner linken), dem Enkel von Königin Victoria.

MAHARANA MAHENDRA SINGH, DER ÄLTESTE SOHN VON Maharana Bhagwat Singh von Udaipur, erinnert sich an seinen Großvater Bhopal Singh als einen liebevollen und einfühlsamen Mann. »Sein Zimmer war einfach, beinahe asketisch. Da lagen keine Teppiche, nur ein weißes Tuch bedeckte den Boden und das wurde täglich gewechselt. Neben seinem Bett gab es nur ein weiteres Möbelstück im Raum, das war sein Rollstuhl, den er wegen seiner Behinderung brauchte. Im Winter pflegte er am Fenster über dem Hof zu sitzen. Von dort überwachte er, wie seine Pferde bewegt wurden, besonders sein Lieblingspferd. Wenn wir ihn besuchten, wurde oft die Blaskapelle gerufen. An seiner Seite stand ein großer Federkasten – *Kalamdaan* – in dem er seine Federn, Papier, Schlüssel und Siegel aufbewahrte und auch die Noten und Texte der Musik, die die Kapelle zu spielen wusste. Eine genaue Kopie davon befand sich beim Kapellmeister, so dass er leicht die Melodien spielen konnte, die mein Großvater verlangte. Während seiner letzten Krankheit litt er unter einem Darmversagen und berühmte Ärzte kamen, um ihn zu behandeln. Er musste operiert werden und überlebte die Operation nicht. Ich erinnere mich, wie tausende von Menschen zu seiner Verbrennung kamen. Er hatte als verantwortliches Staatsoberhaupt regiert und seine Pflichten mit Takt und Gelassenheit erfüllt, doch er war nie überheblich. Dies geschah nach der Unabhängigkeit, dem Beitritt und der Integration Udaipurs in die Indische Union, doch die Leute kamen trotzdem, weil sie einen so tiefen Respekt und große Zuneigung für ihn hatten.«

△ SIR GANGA SINGH VON BIKANER MIT MAHARANA BHOPAL SINGH VON UDAIPUR BEI DER HOCHZEIT SEINER Enkelin Prinzessin Sushila Kumarji mit Maharaj Kumar Bhagwat Singh von Udaipur. Am Ende aller Festlichkeiten begab sich die Hochzeitsgesellschaft zum Bahnhof, wo der Sonderzug für Braut und Bräutigam abfahren sollte. Die Braut schluchzte, es war ein rührender Anblick. Es sickerte durch, dass die Prinzessin ihr liebes altes englisches Kindermädchen Mrs. Dent noch einmal sehen wollte, bevor sie nach Udaipur abreiste. Der Zug wurde zwanzig Minuten lang aufgehalten, während ein Auto schnell Mrs. Dent zum Bahnhof brachte. Der Zug fuhr erst ab, nachdem die Braut sich von ihrem geliebten Kindermädchen verabschiedet hatte, das später auch ihre Kinder erzog.

DER KÖNIGLICHE HOCHZEITSZUG DES BRÄUTIGAMS AM TRIPOLIA TOR DES CITY PALACE IN UDAIPUR BEI der Hochzeit des Kronprinzen mit Prinzessin Sushila Kumarji von Bikaner (im Mai 1939). ▷

△ DER SALON IM SHIV-NIWAS-PALAST VOR DER UMWANDLUNG IN EIN HOTEL (links); Die Bar (rechts). Der königliche Shiv-Niwas-Palast wurde im späten 19. Jahrhundert vom legendären Maharana Fateh Singh am Ende des Stadt-Palastes gebaut. Für Jahrzehnte diente er als Gästehaus, wurde dann aber vernachlässigt und verfiel. Maharana Bhagwat Singh ließ ihn unter der Leitung der bekannten Innenarchtektin Elizabeth Kerkar renovieren und restaurieren. Im Lager stieß die Architektin auf eine Fundgrube von Schätzen, darunter schöne persische Teppiche, glitzernde Kronleuchter, blanke Bettgestelle aus Messing, unbezahlbare chinesische Lampenständer und kunstvoll geschnitzte Möbel mit Einlegearbeiten. Shiv Niwas ist heute ein international berühmtes Hotel.

◁◁ SIR GANGA SINGH VON BIKANER WARTET MIT SEINEN ADLIGEN AUF DIE ANKUNFT DES BARAAT – DES Hochzeitszuges des Bräutigams bei der Hochzeit seiner Enkelin (im Mai 1939). Stehend von links nach rechts: Maharaj Sir Bharon Singh, Maharaj Mandata Singh, Bhanwar Sahib Karni Singh von Bikaner, Maharaj Kumar Sadul Singh von Bikaner, Maharadscha Umed Singh von Jodhpur, Maharadscha Ganga Singh von Bikaner, nicht identifiziert, Maharawal Laxman Singh von Dungarpur, Maharadscha von Pratapgarh, Jam Sahib von Nawanagar, Maharadscha von Ratlam.

Die glitzernde, blendende Kristall-Galerie im Shiv Niwas ist eine einzigartige Sammlung von Kristallmöbeln – Bettgestelle, Tische, Spiegelrahmen, Leuchter, Lehnstühle, Kronleuchter und sogar Tee- und Kaffeegeschirr. Ein prunkliebender Maharana schaffte sie im 19. Jahrhundert an. Es ist die umfangreichste Kistallsammlung in Indien.

△ DIE KAISERLICHE SUITE ZIMMER NR. 19 IM SHIV-NIWAS-PALAST: Louis Rousselet beschrieb den City Palace: *»Die Salons sind mit Vorhängen ausgestattet; kostbare Kissen und Teppiche bedecken die Fußböden; die Wände sind mit Spiegeln und Fresken dekoriert. Eins der Zimmer ist originell geschmückt ... die Wände sind mit europäischen Tellern, Tassen und Untertassen bestückt; die gewöhnlichste Keramik neben dem feinsten Dresdner Porzellan; böhmisches Kristall neben einem gewöhnlichen Salzfass.«*

◁◁ ARVIND SINGH VON UDAIPUR, DER JÜNGERE SOHN VON MAHARANA BHAGWAT SINGH, mit seiner Leibgarde in dem beeindruckenden Fateh-Prakash-Saal des Stadt-Palastes. Die Leibgarde in Udaipur trägt die Insignien des königlichen Hauses, *Rajchinnha* genannt. Dazu gehört der königliche Schirm oder *Chhatri,* der bei Audienzen über dem Kopf des Herrschers gehalten wird – ein altindisches Königssymbol. Ferner Banner, silberne und goldene Zepter, Fliegenwedel aus Yak-Schwanz, Fächer aus Pfauenfedern mit silbernen Griffen, silberne *Abdagaris* in der Form von Fischen, birnenförmige Scheiben auf langen Stangen, die als Standarten getragen werden und ein Abbild der Sonne als Symbol der Abstammung des Hauses der Suryavanshi. Das wichtigste Symbol des Königtums war jedoch der Thron in Form eines erhöhten Kissens, auf dem der Herrscher mit gekreuzten Beinen zu sitzen pflegte.

△ DIE KAISERLICHE SUITE ZIMMER NR. 17 IM SHIV-NIWAS-PALAST. Mehrere Besucher hinterließen lebendige Schilderungen des Stadt-Palastes in Udaipur. Ein amerikanischer Reisender in den späten 1920er-Jahren staunte über ein *»seltsames Gerät in der königlichen Küche«*. Es war ein eiserner Reifen, von einem X gekreuzt, leicht geneigt, zwischen zwei aufrechten Stäben hängend. Wie der Besucher erfuhr, war es ein astronomisches Gerät, das dem Maharana im frühen 18. Jahrhundert vom Maharadscha von Jaipur Sawai Jai Singh II., einem anerkannten Mathematiker und Astronomen, geschenkt worden war. Der Apparat, so wurde geglaubt, war ein unfehlbarer Zauber gegen den Gebrauch von Gift in den königlichen Küchen. Als doppelte Vorsicht beschäftigte der Maharana einen offiziellen Vorschmecker, der Proben von allem Essen nahm, das dem Maharana serviert wurde. Der Besucher traf den Vorschmecker im Vorhof, gefolgt von zwei Kulis: *»An einer Bambusstange auf ihren Schultern getragen hing ein Paket in der Größe eines riesigen Korbes in Zelttuch eingehüllt und mit Seilen und Siegeln verschlossen. Das war die nächste Mahlzeit der königlichen Familie. Der Vorschmecker überprüfte das Einpacken in der Küche, begleitete das Paket in den Flügel des Palastes, wo Seine Hoheit sich gerade aufhielt, überwachte das Auspacken und probierte das Essen im letzten Augenblick. Das Vorschmecken schien ihm gut zu bekommen. Er war ein rundlicher, vergnügt aussehender Mann, in der aktuellen Rajput-Mode gekleidet.«*

DER LAKE PALACE IN UDAIPUR. BIS 1955 diente der wunderschöne Wasserpalast Jag Niwas dem Maharana Bhagwat Singh und seiner Familie als Sommerresidenz. Der scharfsinnige Maharana sah voraus, dass der großartige »Lake Palace« in seiner romantischen Umgebung eine enorme Attraktion für Touristen sein könnte, und dass Tourismus die Wirtschaft beleben und seinen frühereren Untertanen von Nutzen sein würde. Die Renovierung des Palastes begann 1959, wobei der Restaurierung der exquisiten Tafeln mit Glaseinlegearbeiten Priorität gegeben wurde. Die mühevolle Arbeit des Mahlens und feinen Siebens des Kalkgipses, das Mischen mit Wasser und örtlicher Seife und die Reparatur der Tafeln wurde von talentierten Handwerkern in Udaipur vorgenommen. Alte Suiten wie Sajjan Niwas, die persönliche Suite des Maharana Bhopal Singh und die Appartements der königlichen Damen Sarva Ritu Vilas und Khush Mahal wurden in ihrem ursprünglichen Zustand belassen, aber auch neue Räume mit modernem Komfort wurden hinzugefügt. Zu den ersten Besuchern des »Lake Palace« zählten Königin Elisabeth II. und der Herzog von Edinburgh, gefolgt von Jaqueline Kennedy in Begleitung ihrer Schwester Prinzessin Lee Radzivil. Als die gefeierte Schauspielerin Vivien Leigh im Hotel wohnte, löste sie unabsichtlich eine amüsante, doch rührende Episode aus. Zwei zuverlässigen Hotelangestellten, die wenig von Musik verstanden, war anvertraut worden, die teure neue Tonbandanlage zu bedienen. An dem Tag saß der Manager mit Frau Leigh und ihren Freunden an der Bar und stand auf, um das Band zu wechseln. Als er zurückkehrte, war er erschrocken, die Schauspielerin in Tränen aufgelöst zu finden, doch sie dankte ihm überschwänglich für seine Aufmerksamkeit. Der verwirrte Manager erfuhr erst später den Grund für den Gefühlsausbruch, er hatte ganz unabsichtlich das Lied aus dem berühmten Vivien-Leigh-Film »Vom Winde verweht« aufgelegt! 1971 fasste der Maharana den schwierigen, aber notwendigen Entschluss, das Management des »Lake Palace« der Taj-Hotelgruppe zu übergeben. Heute zieht das renommierte Hotel Touristen aus aller Welt an.

△ ◁ DIE FESTUNG CHITTOR. HUNDERT KILOMETER östlich von Udaipur liegen die Ruinen der berühmten Festung Chittor, die für die Rajputen das heiligste Symbol von Rittertugend ist und dem Opfer von tausenden von Männern und Frauen, die dort in den grausamsten Massakern starben oder *Jauhar*, den Massenselbstmord, begingen. Das erste Massaker ereignete sich 1303, als der Sultan von Delhi, Allauddin Khilji, der vernarrt in die schöne Königin Rani Padmini war, Chittor belagerte. 1534 wurde die Festung von Bahadur Shah von Gujrat eingenommen und 1567 unterlag sie dem Mogulkaiser Akbar, und 30 000 Tote waren zu beklagen. Der Name *Rana Pratap* ist für immer mit der Tapferkeit der Mewar verbunden. 1576 wurde der Rana in einer erbitterten Schlacht bei Haldighati von der gemeinsamen Armee des Asaf Khan und des Man Singh von Amber besiegt. Der Rana flüchtete auf seinem Lieblingspferd Chetak und lehnte es ab, sich dem Feind zu ergeben. Unbeirrt führte er den Krieg weiter, obwohl er und seine Kinder oft hungern mussten. Er gewann viele seiner Stützpunkte zurück, bevor er 1597 starb. Als die Nachricht von seinem Tode den Mogulkaiser Akbar erreichte, füllten sich seine Augen mit Tränen.

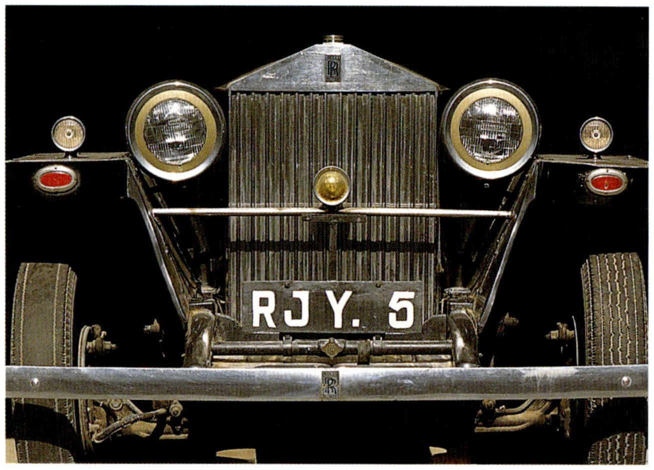

DIE AUTOFLOTTE VON UDAIPUR. Seit der Jahrhundertwende schafften die Maharadschas die modernsten Automobile an. Nirgendwo anders in der Welt wurden diese Luxuswagen so vielfältig eingesetzt: für zeremonielle Prozessionen, Reisen, für die Jagd, für die Fortbewegung verschleierter Frauen und sogar zur Müllabfuhr! Der Maharana Bhopal Singh von Udaipur besaß einen Querschnitt führender Marken. Jeden Nachmittag machte er eine Rundfahrt durch die Stadt in einem scharlachroten Rolls-Royce. Er saß allein auf dem Rücksitz, vorne saß ein Adjutant neben dem Chauffeur. Dem Auto folgten drei Busse mit Angehörigen des Adels und ihren Bediensteten. Immer hielt die Ausflugsgesellschaft am Kramladen eines Parsis an. Der Maharana hielt damit ein Versprechen, das sein Großvater dem Großvater des Ladenbesitzers gegeben hatte: wenn er einen Laden in Udaipur eröffnete, würde der Maharana sein Stammkunde werden. Es war Ehrensache, das Wort des Großvaters zu halten!

Patiala

Gründer: Ala Singh, Sidhu Jat, Sikh; Gegründet: 1762
Derzeitiger Regent: S. H. Amarinder Singh; Fläche: 15 610 km²; Salut: 17 Schüsse

DIE STAATEN IM PUNJAB, PATIALA, NABHA, JIND UND FARIDKOT WURDEN PHULKIAN-STAATEN GENANNT, NACH PHUL, EINEM gemeinsamen Vorfahren. Phul stammte von Baryam ab, dem der Mogulkaiser Babar den Titel »Steuereintreiber des Ödlands im Südwesten von Delhi« verliehen hatte. Der Nachfolger auf dem Mogulthron, Humayun, setzte diesen Auftrag fort. Die Familien von Nabha und Jind stammen von Phuls ältestem Sohn ab, die Familie von Patiala von seinem zweiten Sohn. Patialas Geschichte als unabhängiger Staat geht auf das Jahr 1762 zurück, als Ahmed Shah Durrani dem Familienoberhaupt Ala Singh den Titel Radscha verlieh. Die Dynastie heißt seither *Patiala*, das Land von Ala. Der bekannteste Patiala-Herrscher im 20. Jahrhundert war Maharadscha Bhupinder Singh. Rosita Forbes, die seinen Hof 1939 besuchte, sagte von ihm: »*Der Maharadscha liebte das Leben und Essen und Frauen und Juwelen, aber weil er so herrlich und reich, so extravagant, so großzügig und gastlich war, weil er ausgezeichnet schoss und seine enormen Autos in fantastischer Geschwindigkeit fuhr, aber sofort anhielt, wenn der Ärmste seiner Untertanen ihn sprechen wollte, weil er lachte und Geld unter die Bettler verstreute, wurde er von seinem Volk geliebt.*«

Der Maharadscha war mehrere Jahre lang der Kanzler der Prinzenkammer und ein aktiver Förderer von Cricket, Hockey und Tennis. Als Freund der klassischen Musik half er, die Patiala *Gharana,* die musikalische Tradition im Patiala-Stil, aufzubauen. Er hatte den Ruf, ein Verschwender zu sein – mit 27 Rolls-Royce und über hundert anderen Autos. Nachdem er einmal im Savoy Hotel in London logiert hatte, reisten er und sein Gefolge in einer Parade von Rolls-Royce ab, gefolgt von fünf Lastautos, beladen mit Cricket-Ausrüstungen, Sportgewehren und Hunderten von neuen Anzügen aus den Ateliers der eleganten Schneider aus der Saville Row. Trotz all seiner Neigungen war der Maharadscha äußerst großzügig. Einmal nahm er an einer Sitzung der Prinzenkammer in Delhi teil, die sich bis in die Nacht hinzog. Seine Hoheit wollte in seinem eigenen Flugzeug zurückkehren, doch der Flughafen war schon geschlossen. Daraufhin entschied er sich, mit dem Auto heimzufahren, aber es stellte sich aber heraus, dass nicht genügend Autos vorhanden waren, um seine Familie und das umfangreiche Gefolge unterzubringen. Und so wurde Pyarelal, der Besitzer eines Autogeschäftes in Delhi, mitten in der Nacht geweckt und konnte sechs Autos für die Rückreise nach Patiala verkaufen. Da es Winter war, sagten die Adjutanten »*Wir werden vor Kälte sterben, wir sind nicht mit warmen Kleidern ausgerüstet.*« Nun musste ein englischer Laden, Rankins, öffnen und für alle Mitreisenden wurden Pullover und Mäntel gekauft.

Der Nachfolger von Maharadscha Bhupinder Singh war Maharadscha Yadavendra Singh, der eine große Karriere im diplomatischen Dienst machte. Der derzeitige Regent Maharadscha Amarinder Singh ist seit mehreren Jahren in der Politik engagiert und wurde 1998 Vorsitzender von INTACH, der bedeutenden Indischen Nationalstiftung für Kunst, kulturelles Erbe und Umwelt.

ORDEN, DIE AN MAHARADSCHAS VON PATIALA FÜR IHR HELDENTUM VERLIEHEN WURDEN. Das Museum von Patiala beherbergt eine beachtliche Sammlung von Orden, die vor allem von Maharadscha Bhupinder Singh gesammelt wurden. Die hochgewachsenen gut aussehenden Sikh Maharadschas besaßen auch eine großartige Schmucksammlung, einschließlich einer Diamantenkette, die einst die Kaiserin Eugenie schmückte. Maharadscha Bhupinder Singh pflegte seinen Gästen – vielleicht im Spaß – zu erzählen, dass diese Kette ursprünglich dem englischen Königshaus gehört hatte, und dass König Charles II. sie in die Tasche steckte, als er nach Frankreich flüchtete. Zu den anderen unschätzbaren Preziosen gehört eine große Brustplatte, die mit fehlerlosen Smaragden bestückt ist, unzählige Halsketten, Colliers und Diamanten, Diademe mit hängenden Schleifen von Diamanten, Perlen und Smaragde, die als Turbanschmuck dienen. ▷▷

ORDEN FÜR HELDENTATEN, EMPFANGEN VON MEHREREN PATIALA-MAHARADSCHAS

Der kolossale und erstaunliche Motibagh-Palast in Patiala wurde von Maharadscha Bhupinder Singhs Vater gebaut und war in einer ungewöhnlichen Mischung von Stilen entworfen mit Rajputen, Mogul und viktorianischen Elementen. Der Palast hatte fünfzehn Esszimmer und eine riesige Audienzhalle mit 100 Kronleuchtern aus Kristall. Innerhalb des weitläufigen Grundstücks stehen ein kleiner Marmorpalast und das Sheesh Mahal, als Residenz für die älteren Frauen der Familie gebaut. Die Vizekönigin Alice Countess of Reading, die Anfang der 1920er-Jahre dort zu Gast war, notierte in ihrem Tagebuch: *»Wir hatten jeder ein Badezimmer aus Marmor, so groß wie mein Morgenzimmer in der Curzon Street. Es war ein Spaziergang, vom Bad zur Dusche zu laufen und zurück, um sich die Hände zu waschen und die Zähne zu putzen«.* Trotz seiner Größe war der Palast immer voll bewohnt von Maharadscha Bhupinder Singhs zahlreichen Frauen und Nachkommen. Der alte Palast beherbergt heute das National Sports Institute. In den späten 50er-Jahren baute der Nachfolger Maharadscha Yadavendra Singh einen kleineren Palast, den Neuen Motibagh-Palast.

△ Der Palast von Patiala

◁ Ein anderer Palast

Innenansicht des Palastes

FEIERLICHKEITEN IM JAGATJIT-PALAST IN KAPURTHALA. Der Palast beherbergt heute eine Militärschule. Das Haus Kapurthala führt seine Abstammung auf das Herrscherhaus von Jaisalmer zurück und davor auf den Stammesführer und Soldaten Baba Jassa Singh, der zwischen 1747 und seinem Tod 1783 ein Königreich im Doab (dem Land zwischen den Flüssen) aufbaute und etablierte. Kapurthala blieb ein Vasallenstaat, bis die Briten in der Folge des Ersten Sikh Krieges fast Dreiviertel des Gebietes annektierten. Nach dem Zweiten Sikh Krieg und dem Indischen Aufstand von 1857 wurden dem Staat *Zamindari* Ländereien (Großgrundbesitz) in den United Provinces gegeben. Ein bemerkenswerter Herrscher war Maharadscha Jagatjit Singh, der den Thron im Alter von fünf Jahren bestieg. Er war von Frankreich begeistert und beauftragte Monsieur Marcel, ein Versailles ähnliches Schloss zu bauen. Die Vizekönigin Alice Countess Reading beschrieb den Palast als *»eine Masse von Gold, an den Decken spielten Nymphen ... unzählige Ornamente und Vasen aus Sèvre-Porzellan und andere Kunstgegenstände waren zu sehen.«*

INNENANSICHT DES PALASTES IN KAPURTHALA (oben). Maharadscha Brigadegeneral Sukhjit Singh von Kapurthala mit Tikka Shatrujit Singh (zu seiner Linken) und seinem verstorbenen Sohn Maharaj Kumar Amanjit Singh (zu seiner Rechten). Der Maharadscha denkt gerne an seinen Großvater Jagatjit Singh zurück. Er erinnert sich an sein liebevolles Lächeln, seine Freundlichkeit, seine Wärme und sein Temperament. Als Kind radelte er mit seinem Großvater durch die Stadt. Der Maharadscha besaß ein wunderbares altes französisches Fahrrad mit großen Rädern, er konnte aufsteigen und radeln, aber nicht ohne Hilfe absteigen. »Wenn er durch die Hauptstraße der Stadt radelte, standen die Süßigkeiten-Händler Spalier und boten ihm brokatbedeckte Tabletts voll mit ihren Waren an. Er sagte dann »Nein, nein, jetzt nicht«. Die Händler taten es absichtlich, um ihn zu necken.«

PORTRÄTS DER HERRSCHER VON JIND. Die Phulkian Staaten von Patiala, Jind und Nabha führen ihren Ursprung auf das Jahr 1763 zurück, als die Stadt Sirhind von der Sikh Confederacy erobert und dem Gouverneur des Ahmed Shah Durrani abgenommen wurde. Alle drei Staaten hatten einen gemeinsamen Vorfahren mit Namen Phul. Sein Enkel Sukhchen hatte drei Söhne, der zweite war Gajpat Singh, der Begründer des Staates. Er etablierte seine Hauptstadt in Jind im Jahre 1766.

MALERKOTLA IM PUNJAB – EIN MUSLIMISCHER STAAT: Die Nawabs von Malerkotla waren Sherwani-Afghanen, die ihrerseits Nachfahren des Scheich Sadruddin waren. Der Scheich bekam 68 Dörfer in der Nähe von Ludhiana in Ost-Punjab zum Geschenk, als er die Tochter von Sultan Bahlol Lodi ehelichte.

DIE HOCHZEIT DES PRINZEN AISHWARYA SINGH AUS DER Familie Lambgraon von Kangra mit Shailaja Kumari von Sailana in Delhi 1997. Die *Sehra* des Prinzen aus Perlen und Goldfäden war vom Prinzen und seiner Mutter selbst entworfen worden. Die Lambgraon-Sippe führt ihre Abstammung bis auf den König Porus (den Gegner Alexanders des Großen im 3. Jh. v. Chr.) zurück und ist eine der ältesten fürstlichen Familien. Die glorreichste Periode dieser Herrscherfamilie war während der Regierung von Radscha Sansar Chanda im 18. Jahrhundert.

DER RADSCHA VON KULLU MIT SEINER FAMILIE. Die Stadt Kullu, die früher Sultanpur hieß, liegt am Ufer des Beas-Flusses, nördlich von Simla, der Hauptstadt von Himachal Pradesh. Der Kullu-Staat wurde im Mittelalter von Rajputen Radschas regiert. Das fruchtbare Kullu-Tal ist ein beliebtes Ziel für Touristen. Attraktiv ist auch das nahegelegene Taragarh-Palasthotel auf einem Grundstück von 7 Hektar, das der Fürstenfamilie von Jammu und Kaschmir gehört. Der Palast auf 1000 m Höhe bietet eine spektakuläre Aussicht auf die schneebedeckte Bergkette des Dhauladhar. Das Besitztum, früher *Alhilal* oder Land des Halbmondes genannt, wurde in den frühen 1930er-Jahren gebaut und später von der Familie des Maharadschas von Jammu und Kaschmir als Residenz für die Königinmutter Taradevi gekauft. Kürzlich wurde der Sommerpalast in ein Hotel umgewandelt.

△ EIN BILD AUS VORBRITISCHER ZEIT: Die Kleidung zeigt keinerlei fremden Einfluss; die Diamanten am Hals sind ungeschliffene Steine.

Baroda

Begründer: Pilaji, Maratha, Hindu
Gegründet: 1719
Derzeitiger Regent: S. H. Ranjitsingh Gaekwad
Fläche: 21 408 km^2; Salut: 21 Schüsse

◁ TÄNZERINNEN TRETEN BEI EINER DURBAR AUF, im Baroda-Palast von Maharadscha Pratapsingh Rao. Der Pfarrer Edward St. Clair Weeden beschrieb das Palastgrundstück: »Der Reitweg, der es umrundet, ist etwa 6 Kilometer lang. Wir kamen erst an einem hübschen Gebäude vorbei, das als Schule für den Maharadscha gebaut worden war. Der Cricket-Platz ist direkt davor, ein breiter Rundweg begrenzt ihn. Nachdem wir den Rakettplatz und den Handballplatz passiert hatten, kamen wir in den Garten der Maharani, um den sie sich selbst kümmert. Danach führte der Reitweg am Pförtnerhaus vorbei, dem Eingang der privaten Eisenbahnstation des Gaekwad ... dann ritten wir entlang des schönen Vishnamitri-Flusses und passierten den Paradeplatz, das Wächterhaus, die Ställe und dann ging es zurück zum Palast.«

◁◁

MAHARADSCHA PRATAP Singh Gaekwad von Baroda mit seinen Beamten. Die Juwelen im Besitz der Gaekwad-Familie waren der Neid manch eines königlichen Hauses. Während seines Besuchs in Indien, um 1860, wurden dem französischen Reisenden Louis Rousselet einige der berühmten Juwelen des Maharadscha Gaekwad gezeigt: *»Auffallend war eine Kette, die der Radscha vor kurzem hatte anfertigen lassen, darin der berühmte »Stern des Südens«, der »Stern von Dresden« und andere Diamanten von bemerkenswerter Größe funkelten.«* Rousselet erwähnte jedoch nicht die Kette mit sieben Strängen von Naturperlen von feinstem Schimmer, so groß wie Murmeln. Es muss drei- bis vierhundert Jahre gedauert haben, die unbezahlbare Kette anzufertigen, denn nur wenige Perlen von dieser Größe werden jährlich gefischt.

△
◁

ELEFANTENTURNIER UND Ringkampf. Die Maharadschas interessierten sich für Zuschauersport wie Ringen und Kämpfe zwischen Schafböcken, Büffeln, Elefanten und anderen Tieren. Den Elefanten wurde vor dem Kampf Melasse gemischt mit Alkohol zu fressen gegeben, doch wurde der Kampf unterbrochen, bevor es für die Tiere lebensgefährlich werden konnte. Baroda hatte ein Vogelgehege mit dreißig Papageien, die auf Miniaturfahrrädern radelten, Kinderwagen schoben, Kanonen abschossen und mit Spielzeugkameras fotografierten. Ein abgerichteter Kakadu war mit Bogen und Köcher ausgerüstet und konnte Pfeile auf ihm gesetzte Ziele schießen.

PRINZ PRATAP SINGH RAO, der älteste Sohn von Maharadscha Sayajirao Gaekwad von Baroda. Wie andere aufgeklärte Maharadschas seiner Zeit, hielt Sayajirao engen Kontakt mit seinen Bürgern, die sein Auto oder seinen Pferdewagen jederzeit anhalten konnten, um ihm ihre Petitionen zu überreichen. Der Pfarrer Edward St. Clair Weeden begleitete den Maharadscha oft auf seinen täglichen Ausfahrten: *»Wenn der Maharadscha nachmittags ausfährt, wartet eine Kavallerieeskorte am Palasttor, und wenn er erscheint, teilten sie sich in eine Vorhut und eine Nachhut. Aber sobald er die Stadtgrenze erreicht hat, schickt er die Reiter zurück, wenn er im Auto fährt, entlässt er sie meist sofort. Neulich Abend, als ich mit dem Gaekwad aufs Land hinausfuhr, war er so ins Gespräch vertieft, dass er die Reiter vergaß. Wir fuhren ziemlich schnell und die Pferde mussten ihr Letztes geben, um Schritt zu halten. Schließlich bemerkte ich, dass die Pferde außer Atem waren und machte ihn darauf aufmerksam. Er ließ sofort anhalten und schickte die Eskorte heim, nicht ohne dem unglücklichen Parab (dem Assistenten) ernste Vorhaltungen zu machen. Dieser, so schien mir, freute sich im Stillen über diesen ungewöhnlichen Anfall von königlicher Vergesslichkeit.«*

NAWAB SHER Mohammed Khan von Palampur (sitzend), mit seinem Erben Nawabzada Taley Mohammed Khan (links) und seinem jüngeren Sohn Sahebzada Yavar Hussain Khan (rechts). Die Familie gehört zu den Usafsai Pathanen vom Lohani-Stamm aus Ghor und Khorasar in Afghanistan. Sie kamen im 12. Jahrhundert als Händler nach Indien und ließen sich in Bihar nieder, wo sie während der Herrschaft der Tughlaks in Delhi zu Gouverneuren (Subas) von Bihar ernannt wurden. Im 14. Jahrhundert hielt Malek Khuramkhan auf dem Wege nach Mekka in Jalore an, um für den Chauhan Rajputen Visaldeo zu arbeiten. Dieser wurde von den Rathors von Marwar ermordet, doch seine Witwe herrschte als Regentin für ihren minderjährigen Sohn. Khuramkhan, ihr Minister, war sehr mächtig geworden. Die Rani tat sich daher mit den Rathors zusammen, um ihn zu töten. Doch Khuramkhan belagerte ihren Palast und wurde schließlich selbst der Herrscher von Jalore.

DIE MITGLIEDER der indischen königlichen Familien liebten Porträts, ursprünglich in Form von Miniaturmalerei und Ölbildern, später als Fotos. E. M. Merrick, eine englische Künstlerin, bereiste Indien 1899 und malte mehrere Porträts von Maharadschas, ihren Kindern und von Frauen in *Purdah.* Eine Maharani saß für sie in einem purpurfarbenen Samtkleid mit Spitzenkragen, geschlossen von einer großen Brosche, mit offenen Ärmeln, auf weißem Satin gefüttert und mit Rüschen abgesetzt, Modell. Auf dem Kopf trug sie einen purpurfarbenen, pastetenförmigen Hut, woran drei Sterne aus Diamanten angebracht waren und einen Schleier mit goldenen Sternchen, der an ihrem Rücken hinunterhing. Sie sagte, sie wolle auf dem Porträt wie die Königin Victoria aussehen! In einem anderen Fürstenstaat, wo sie den Radscha in einer Satinjacke in Gold und Violet mit einer silber- und goldbestickten Smokingkappe auf dem Kopf malte, wurde sie mit einem Sack voller Rupien entlohnt.

WESTLICHE WÜRDENTRÄGER WERDEN △
in Baroda bewirtet.

DIE FÜRSTLICHEN DAMEN AUS ▷ Baroda beim Essen. Der Maharadscha Sayajirao Gaekwad pflegte eine ausgezeichnete Tafel, doch er verabscheute Verschwendung. Ein offizielles Kochbuch enthielt Rezepte mit Zutaten für eine Person. Selbst für ein Bankett von tausend Gästen brauchten die Mengenangaben nur multipliziert zu werden und es blieben keine Reste. Eine Prinzessin aus Baroda erinnert sich an die Banketts, die ihre Großmutter gab: »Wir saßen auf silbernen Hockern und aßen von goldenen *Thali* und *Katori* auf einem silbernen Tablett. Die Menüs waren fantastisch, fünf Arten von *Kheer* (eine Süßspeise), zwei oder drei Arten von Reis, einige Fleischgerichte und viel Gemüse.«

INNENANSICHT DES LAXMI-VILAS-PALASTES IN BARODA. Mit einer fünfhundert Fuß hohen Fassade aus rotem Agra-Sandstein umfasst der Palast die privaten Räume des Maharadschas und der Maharani und die öffentlichen Empfangsräume.

△ DER LAXMI-VILAS-PALAST. Italienische Bildhauer wurden eingestellt, um die Durbar-Halle, die Treppenhäuser und die öffentlichen Räume zu gestalten. Spezialisten aus England kamen, um den Garten anzulegen, die Glasfenster einzubauen und den Stuck und die Vergoldungen an den Decken anzubringen. Die antiken Möbel und die europäischen Gemälde von alten Meistern wurden importiert.

◁ MAHARADSCHA SAYAJIRAO GAEKWAD mit jüngeren Familienmitgliedern.

△ DER RANJIT-VILAS-PALAST IN WANKANER steht auf einem Hügel und überragt die Stadt Wankaner. Er wurde 1914 fertig gestellt und wurde vom damaligen Herrscher Maharadscha Amarsingh selbst entworfen. Ein auffallendes Merkmal ist das spiralförmige Treppenhaus aus Marmor mit zwei Treppen. Die meisten Möbel und Einrichtungsgegenstände wurden von der berühmten Firma John Roberts in London geliefert. Die exquisiten Kronleuchter wurden im italienischen Murano bestellt.

◁ INNENANSICHT DES WANKANER-PALASTES: Um das späte 16. und frühe 17. Jahrhundert hatte Prathiraj ernsthafte Differenzen mit seinem Vater und appellierte an den Vertreter des Mogulherrschers, in Wadhwan einzugreifen. Der Beamte riet ihm, mit der Regierung zusammenzuarbeiten. Nach mehreren Streitereien mit den Moguln wurde Prathiraj ins Gefängnis von Ahmedabad geworfen, wo er starb. Inzwischen starb auch sein Vater und der Thron von Halvad wurde von einem jüngeren Bruder bestiegen. Prathirajs Söhne Sartanji und Raguji baten um Asyl am Hofe des Rao von Badli. Letztendlich gewann Sartanji seinen Thron zurück.

EINGANG ZU EINEM PALAST IN JAMNAGAR. Die Herrscher von Jamnagar, die dem Rajputen-Klan der Jadej angehören, wanderten aus Sind nach Kutch ein, wo sie unter dem erblichen Titel »Jam« bekannt waren. Jamnagar wurde von Jam Rawal gegründet, der 1540 von Kutch nach Kathiawar zog und dabei die Jethwa-Herren von Porbandar enteignete. Die Hauptstadt von Nawanagar wurde 1540 von Jam Rawal gegründet, der für seine Tapferkeit berühmt war. Die Macht der Jamnagar-Herrscher erreichte ihren Höhepunkt Mitte des 18. Jahrhunderts, während der Regierung von Rao Daisul I., der dreimal die Moguln zurückschlug und besiegte. Einer der bedeutendsten Herrscher von Jamnagar war der weise und gütige Jam Vibhaji, der den Thron 1852 bestieg und viel Zeit und Geld der Wohlfahrt seines Volkes widmete. Der international bekannteste Herrscher war Jam Ranjitsingh, »Ranji« genannnt, der 1907 auf den Thron folgte. Er war ein ausgezeichneter Cricketspieler und der beste Schlagmann der englischen Nationalmannschaft von 1896–1900. Außer Cricket widmete er sich in seiner Freizeit auch Tennis, Rakett, Schießen, Angeln, Sauhatz, Radeln und Schlittschuhlauf.

EIN LANCHESTER-AUTO UND SEINE MINIATURVERSION UND EINE KANONE VOR DEM JAMNAGAR-PALAST: Der berühmte Cricketspieler Maharadscha »Ranji« von Jamnagar hatte eine Vorliebe für Lanchester-Wagen und soll 42 Modelle dieser Automarke besesssen haben. Für seinen Sohn Maharadscha Digvijaysingh ließ er speziell Spielautos anfertigen, die mit Elektrizität betrieben wurden. Nach der Unabhängigkeit wurden die Kathiawar-Staaten zu einer Einheit zusammengefasst und der Jam Saheb wurde *Rajpramukh,* der Präsident des Rates der Herrscher. Bei seiner Vereidigung am 15. Februar 1948 sagte der Maharadscha: »Es ist nicht so, dass wir müde Monarchen wären, die zur Ruhe gefächert wurden. Wir sind auch nicht in die Unterwerfung gezwungen worden. Wir haben aus freiem Entschluss unsere Souveränität zusammengelegt und vereinbart, diesen neuen Staat zu schaffen, so dass die Vereinigten Staaten von Kathiawar und die Einheit Indiens vollkommener erreicht werden kann und damit unser Volk die Regierungsform bekommt, die heute am passabelsten ist, und die – so will ich hoffen und beten – dem Volk Wohlstand bringt.«

JAM SAHEB SATAJI IST EIN BEDEUTENDER ÖKOLOGE UND NATURFREUND. Er ist ein Anhänger des Gottes Schiwa und ist der erste direkte Thronerbe in Jamnagar nach sieben Generationen. Sein Vater Digvijaysingh wurde von Ranjitsingh, dem berühmten Cricketspieler und letzten herrschenden Jamsaheb, adoptiert.

DER JAMSAHEB MIT SEINEM LIEBLINGSMACAO-PAPAGEI AM EINGANG DES PALASTES IN JAMNAGAR. Der Staat Jamnagar oder Nawanagar lag auf der Halbinsel Kathiawar an der nördlichen Westküste Indiens. Vierzehn Salutstaaten waren dort angesiedelt: Jamnagar, Bhavnagar, Gondal, Junagadh, Morvi, Jafrabad, Wankaner, Rajkot, Wadhwan, Dhrangadhara, Porbandar, Palitana, Dhrol and Limbdi. Siebzehn Staaten ohne Salut und 191 Zwergstaaten gehörten auch zu Kathiawar. 46 davon hatten ein Gebiet von nur fünf oder weniger als 5 km². Der kleinste war Vejanoness mit einer Fläche von 0,75 km², einer Bevölkerung von 206 Einwohnern und einem jährlichen Einkommen von Rs. 500. Einige dieser Staaten wurden originellerweise nicht von einem Herrscher regiert, sondern von mehreren »Teilhabern«: Dahida z. B. mit einer Fläche von 5,26 km² hatte sechs solcher Teilhaber, während Snala, mit einem Territorium von 1,34 km² zwei Herrscher hatte.

Mysore

Gründer: Radscha Wodeyar,
Kshatriya, Hindu
Gegründet: 1578
Derzeitiger Regent: S. H. Sri Kanta Datta
Narsimha Radscha Wodeyar
Fläche: 77 705 km^2
Salut: 21 Schüsse

DIE HOCHZEIT DES GEGENWÄRTIGEN Maharadscha von Mysore im großen Palast. Mysore galt als einer der am besten verwalteten und fortschrittlichsten Fürstenstaaten in Indien. Der Staat hatte zwei natürliche geografische Regionen, mit je eigenem Charakter: das Bergland im Westen und die Täler und Ebenen im Osten. Die Tradition verbindet die Hochebene von Mysore mit vielen Episoden der Epen *Ramajana* und *Mahabharata*. Die nordöstliche Region war im 3. Jahrhundert v. Chr. Teil des Reiches des Kaisers Ashoka. Der Staat wurde damals von der Andhra-Dynastie beherrscht. Vom 3. bis zum 11. Jahrhundert regierten die Pallavas, die Gangas und die Cholas, die schließlich im 12. Jahrhundert von den Hoyshalas vertrieben wurden. Nach dem 14. Jahrhundert wurde das heutige Mysore Teil des Vijayanagar-Reiches, danach etablierten sich die Wodeyars, die heutige Dynastie. Im späten 18. Jahrhundert eroberten Hyder Ali und sein Sohn Tippu Sultan den Staat, doch nachdem er in der Schlacht von Seringapatam 1799 von den Briten besiegt wurde, gaben sie den Thron an Krischnaraja Wodeyar III. zurück, aber verwalteten den Staat selbst bis 1881, als dem Maharadscha Chamarajendra Wodeyar Bahadur die Herrschaft übergeben wurde. Der Staat blühte unter seiner Regierung, doch er starb bereits 1894 im Alter von 31 Jahren. Sein Nachfolger Shri Krischnarajendra Wodeyar übernahm die Regierungsverantwortung 1902. Er bewährte sich als sehr weitsichtiger und fortschrittlicher Monarch, und unter seiner Herrschaft stieg Mysore zum fortschrittlichsten Staat in Indien auf.

DIE HOCHZEIT DES heutigen Wodeyar. Bei königlichen Hochzeiten wird in Mysore ein dreigängiges vegetarisches Festmahl serviert. Wie in Südindien üblich, ist Reis das Hauptgericht. Jeder Gang wird von einer anderen Reiszubereitung begleitet. Bei festlichen Anlässen gehören zum Dessert Süßspeisen wie *Payasam*, *Kheer* und verschiedene Arten von *Laddoos* und *Jalebis*. Die Palastküche in Mysore ist auch für ihre Vielfalt von *Idli* (in Wasser gedämpfter Reiskuchen) berühmt, die einfach zubereitet, mit Gewürzen oder mit Knoblauch abgeschmeckt werden. Sie ist auch bekannt für ihre vielen Arten von *Dosa* (eine Art Pfannkuchen) mit *Sopu Pallya*, einem trockenen Gemüsecurry mit Spinat, *Koshimbir*, einem Salat aus Gurken und eingeweichten Linsen, *Rasam* (Pfefferwasser) und *Sambhar*, die Gemüsesauce, die zu *Idli* und *Dosa* gehört. Zum Ganesha-Fest werden gedämpfte Süßigkeiten gefüllt mit Kokosnuss und Zucker gekocht. Bei religiösen Festen wie Dussehra und Ganpati Puja und bei Hochzeiten und Geburtstagen dürfen nur vegetarische Speisen serviert werden.

▷

HOCHZEIT DES GEgenwärtigen Wodeyar. Maharadscha Krischnarajendra Wodeyar, der 1895 im Alter von elf Jahren den Thron bestieg, übernahm die Regierung im Jahre 1902. Die britische Malerin, E. M. Merrick, malte ihn und beschrieb ihn: *»Er war stets sehr gepflegt gekleidet, in perfekt sitzender grauer langer Jacke und einem wunderschön drapierten Turban, in gut gewählten Farben, wie Grau und Gold, Blau und Silber, Rot und Gold.«*

▷▷

DER LALIT-MAHAL-Palast in Mysore. Die königliche Familie von Mysore war der Tradition nach sehr kultiviert und gebildet. Sie waren große Förderer von Kunst und Musik. Während der Kolonialzeit waren britische und indische Aristokraten, Vizekönige und Generalgouverneure häufig in Mysore zu Gast, besonders während des Dussehra-Festes. Die Gäste wurden im Lalit-Mahal-Palast untergebracht. Dort gab es Fleischgerichte für die Gäste, aber der Maharadscha pflegte nicht mit den Gästen zu speisen. Die vegetarischen Mahlzeiten für die Familie wurden von Angehörigen der *Lingayat*-Sekte zubereitet. Aber Brahmanen kochten das Essen für orthodoxe Brahmanen unter den Gästen.

RAJMATA VIJAYRAJE SCINDIA VON GWALIOR bei einer Zeremonie mit dem heiligen Feuer (*Havan*). Die Scindias haben die traditionellen, jahrhundertealten religiösen Zeremonien der Familie bewahrt. Ein bewegendes Ritual wurde vom Maharadscha Madhorao Scindia zu Beginn des Jahrhunderts zur Erinnerung an seine geliebte verstorbene Mutter eingeführt. Der treue Sohn ließ einen Pavillion aus Marmor zu Ehren der Rajmata bauen, mit einer Statue seiner Mutter in Lebensgröße sitzend darin. Jeden Tag wurde sie von einer Schar von Dienerinnen gebadet, angekleidet und mit Juwelen geschmückt. Der Säulenpavillion mit seiner Audienzhalle war mit allem Notwendigen ausgestattet, darunter Brokatkissen auf Matratzen, bedeckt mit blütenweißen Tüchern, Ventilatoren und einem königlichen Bett. Zu den Mahlzeiten wurden üppige Gerichte in silbernen Schüsseln vor ihr ausgebreitet. Drei reich gekleidete Bedienstete standen hinter der Marmorstatue und kühlten sie mit Fächern aus goldbestickter Seide. Ihr zu Ehren wurden täglich zeremonielle Audienzen abgehalten.

DIE KRÖNUNG DES JUNGEN MADHAVRAO Scindia von Gwalior. Der Begründer des Staates war Ranoji Scindia, ein Mann aus bescheidenen Verhältnissen, der den Peshwa, den erblichen Premierministern der Maratha-Herrscher aus dem Bhonsale-Klan diente, deren bekanntester Chatrapati Shivaji war. Ranoji stieg in der Hierarchie auf und erwarb Gebiete in Malwa, er starb 1750. Die Scindias erreichten den Höhepunkt ihrer Macht unter Mahadadschi Scindia, der – obwohl in den Diensten des Peshwas – mit Hilfe von französischen Söldnern eine gewaltige Armee aufbaute. Bis 1792 hatte Mahadadschi seine Oberhoheit über den nominellen Mogulherrscher Shah Alam II., die Jats und die Rajputen durchgesetzt. Doch die Herrschaft seines Nachfolgers und Großneffen Daulat Rao Scindia war eine Katastrophe und endete in einem Vertrag der Unterwerfung unter die Briten im Jahre 1817. Die Herrscher von Gwalior waren nicht verschwenderisch. Als Indien unabhängig wurde, übernahm der Staat aus Gwalior ein Vermögen von 30 Millionen Rupien in bar und zwei Stiftungen, darunter den Gangajali Fond, der 170 Millionen Rupien wert war. Die Zinsen dieses Vermögens allein hätten ausgereicht, um die Apanagen der Prinzen, die 1972 abgeschafft wurden, für immer zu zahlen.

Gwalior

Begründer: Ranoji Scindia, Maratha, Hindu
Gegündet: um 1730
Derzeitiger Regent: S. H. Madhavrao Scindia
Fläche: 69 426 km^2
Salut: 21 Schüsse

KRONPRINZ MADHAVRAO SCINDIA MIT SEINER SCHWESTER BEI SEINER HOCHZEIT MIT MADHAVRAJE, einer Prinzessin aus Nepal (links); der weitsichtige Maharadscha George Jivarao Scindia hatte wohl vorausgesehen, dass sein Sohn Madhavrao Scindia in einem gewandelten Indien aufwachsen würde. Er bestimmte, dass sein Sohn eine normale und ausgewogene Schulbildung haben sollte, zunächst im Internat der Scindia Schule in Gwalior (1897 vom Großvater gegründet), später im britischen Internat Winchester und an der Universität Oxford. Er wurde streng und diszipliniert erzogen. Der junge Prinz wurde mit drei Jahren in den Sattel gesetzt und mit 6 Jahren hatte er pünktlich morgens um 5.15 Uhr auf dem Sportplatz zu erscheinen. Im Jahre 1952 kam einmal die ganze Schule von einem einwöchigen Campingausflug zurück. Ein erschöpfter junger Maharadscha kehrte für drei Ferientage in den Palast zurück und ging zu seinem Vater, um ihn zu begrüßen. Die erste Frage, die ihm gestellt wurde, war, ob er denn der Direktorin und dem Lehrer, die die Jungen begleitet hatten, gedankt hätte. Als er das verneinte, war der Vater so böse, dass der Junge sofort in die Schule zurückgeschickt wurde, um den Lehrern zu danken. Madhavrao Scindia ist heute ein Politiker der Kongresspartei und war mehrfach Minister.

MAHARADSCHA MADHAV RAO SCINDIA bei der Hochzeit seiner Tochter Chitrangada mit Yuvraj Vikramaditya, dem ältesten Sohn von Dr. Karan Singh von Jammu und Kaschmir. Die Juwelen, die den geschmückten Elefanten des Maharadschas zierten, waren fast so kostbar wie die seines Besitzers. Als der Prince of Wales den Staat im Jahre 1905 besuchte, grüßten 36 dieser großartigen Tiere den königlichen Gast: *»Ihre Sitze (Howdah) waren aus geschnitztem Holz und vergoldet; Satteldecken aus scharlachrotem Stoff, mit den Wappen der Scindias bestickt, schleiften beinahe am Boden. In den Ohren trugen sie riesige Goldringe, ihre massiven Stirnen waren mit Rüstungen aus goldenen Ringen bedeckt und mit Schildern aus Rhinozeroshaut abgeschirmt. Um ihre riesigen Fußknöchel trugen sie Ketten aus reinem Silber, die Mahauts – die Elefantentreiber – hielten Fliegenwedel aus Pfauenfedern in goldenen Griffen, mit Edelsteinen besetzt und trieben ihre schwerfälligen Schützlinge mit Stachelstöcken aus Gold an; an den Satteldecken hingen große versilberte Glocken, die melodisch bimmelten, wenn die Biester von einer Seite auf die andere traten.«*

◁ DER JAI-VILAS-PALAST IN GWALIOR. DER PALAST wurde von Oberstleutnant Sir Michael Filose, einem Offizier der britisch-indischen Armee, der beim Aufstand von 1857 bei den Streitkräften der Scindias diente, entworfen und zeigt eine eklektische Mischung verschiedener Stile. Der Bau des Palastes wurde 1872 begonnen und war nach zwei Jahren abgeschlossen, rechtzeitig zum Besuch des Prinzen von Wales. In der prächtigen Durbar-Halle hängt ein Kronleuchter-Paar, jeder 12 Meter hoch und drei Tonnen schwer. Drei Elefanten wurden auf das Dach gehievt und blieben dort tagelang, um zu testen, ob die Decke das Gewicht der Lampen, die die größten in der Welt sein sollen, aushalten würden.

DER MAN-TEMPEL IN DER FESTUNG VON GWALIOR. ▷ Das Fort wurde von Man Singh, einem Tomar-Rajputen gebaut, der von 1486–1516 regierte. Zwei Jahre nach seinem Tode wurde Gwalior von den Moguln eingenommen, denen die Scindias im 18. Jahrhundert folgten. Der Palast zeigt eine Serie von runden Türmen, mit von Kuppeln überdachten Pavillions. Die Wälle sind mit Mustern aus gelben, grünen und blauen Kacheln dekoriert. Im Innern befinden sich weitläufige ornamentierte Wohnräume und Durchgänge.

Jammu & Kaschmir

Gründer: Gulab Singh, Dogra Rajput, Hindu
Gegründet: 1850; Derzeitiger Regent: S. H. Dr. Karan Singh
Fläche: 226 013 km^2; Salut: 21 Schüsse

MAHARAJKUMAR VIKRAMADITYA, DER ÄLTESTE SOHN VON DR. KARAN SINGH, an seinem Hochzeitstag. Die königliche Familie von Kaschmir war berühmt für die fehlerlosen Samaragde, die Maharadscha Hari Singh gesammelt hatte. Ein junger Prinz, der einst den Maharadscha besuchte, erinnert sich, wie Hari Singh einmal mit einem der berühmtesten Juweliere Indiens konferierte und Edelsteine für eine Tiara aussuchte – nichts war gut genug für ihn. Der Gast bat ihn, ihm seine besten Stücke zu zeigen und der Schatzkämmerer brachte einen unscheinbaren Samtkasten. Darin lag eine gelbes Samttablett mit 200 der fantastischsten Samaragdtropfen.

DR. KARAN SINGH, EIN ANERKANNTER GELEHRTER UND SCHRIFTSTELLER, WURDE 1931 ALS THRONERBE VON JAMMU UND Kaschmir geboren. Er bekam den Spitznamen »Tiger« vom Maharadscha von Jodhpur, der bemerkte, wie das Kind in dem Zimmer krabbelte, in dem er und Maharadscha Hari Singh saßen. Karan Singh besuchte das Internat Doon School und wurde in den politischen Wirren 1949 Regent. Damit wurde er auch Ex-Officio Chancellor der Universität von Jammu und Kaschmir. 1957 erwarb er den M. A.-Grad in Politischer Wissenschaft mit Auszeichnung an der Universität Delhi und promovierte mit einer Dissertation über die politischen Ideen von Sri Aurobindo. Dr. Karan Singh war in den folgenden 18 Jahren Staatsoberhaupt von Kaschmir, zunächst als Regent, dann als gewählter Sadari-Riyasat von 1952–1965 und später als Gouverneur von 1965–1967. In dem Jahr wurde er als Minister nach Delhi berufen.

DR. KARAN SINGH IST MIT PRINZESSIN YASHO RAJYA LAKSHMI VERHEIRATET, der Tochter des nepalischen Generals Sarada Shumsher. Sie ist die Enkelin des letzten Premierministers aus der Ranadynastie, Maharadscha Mohun Shumsher. Sie haben drei Kinder, eine Tochter Jyotsna und zwei Söhne, Vikramaditya und Ajatshatru. ▷

DER NAWAB VON RAMPUR, SYED MOHAMMAD ALI KHAN MIT SEINER FRAU BEGUM Firdaus Zamani bei ihrem Hochzeitsempfang im Oktober 1999. Rampurs Raza Library of Oriental Manuscripts umfasst über 80 000 Bücher und 16 000 Manuskripte in Arabisch, Persisch und Urdu – sogar einen Koran aus dem 17. Jahrhundert. Rampur war außerdem sehr berühmt für seine exzellente Küche: z. B. *Dar Besht*, aus Mandeln und Pistazien bedeutet wörtlich »Türen des Himmels«.

DER DERZEITIGE Nawab von Rampur, Kazim Ali Khan, mit seiner Frau Begum Yaseen Ali Khan. Der Nawab studierte am Mayo College und ist Abgeordneter des Landtags. Rampur ist für seine ausgezeichnete *Zardozi*-Stickerei mit Gold- und Silberfäden bekannt. Die königlichen Gewänder von Rampur waren einzigartig, mit unglaublichen Mustern und Farben, mit Gold und Silber gesprenkelt. Diese Webkunst wurde *»Hiranya«* genannt. Die Hindus betrachten Gold als Symbol für die lebenspendende Kraft der Sonne und Silber als Attribut des Mondes.

THALI UND GEWEHR. Rajputen lernen die *Shastra puja* in jungen Jahren

Fotos:

Amit Pasricha:
Titelblatt, Seiten 2–3, 4, 6–7, 17, 30 (links), 31, 34, 42–43, 44–45, 50, 51, 64, 65, 66, 67, 82, 83 (oben links), 84–85, 86, 91, 92, 93, 96–97, 102 (rechts), 103, 104–105, 106, 112, 152, 153, 155

Dheeraj Paul:
Seiten 1, 28 (oben rechts), 72–73

Jean-Louis Nou:
Seiten 10–11, 12, 24, 28 (links unten), 29 (oben rechts), 32–33 (Mitte), 56–57, 60, 97 (oben rechts), 108–109, 113, 114, 115, 116, 117, 118, 119, 121, 122–123, 124–125, 126, 127, 128, 129, 130–131, 132, 133, 134, 135, 136, 137, 138, 139, 140–141, 142, 143, 144–145

Karoki Lewis:
Seiten 26–27 (Mitte), 30 (rechts), 37, 41 (kl. Bild), 47, 61, 87, 88–89, 90

Pramod Kapoor:
Seiten 14–15, 38 (kl. Bild), 39 (kl. Bild), 41, 49, 62–63, 68–69, 70, 71, 74, 75, 76–77, 78 (rechts), 83 (oben rechts, rechts unten), 150 (rechts unten)

Rajpal Singh: Seiten 46, 156

Subhash Bhargava: Seiten 58, 59

Pankaj Rakesh: Seite 95

Sanjay Singh Badnor:
Seiten 110–111

Kedar Jain: Seiten 146, 147, 148, 149, 150 (oben links)

M 75 Greater Kailash II Market
New Delhi 110 048, INDIA
Tel.: 6442271, 6462782
Fax: (011) 6467185
E-mail: rolibook@del2.vsnl.net.in

Druck und Buchbindung bei
Star Standard Industries Pte. Ltd.
Singapore

ISBN: 3-89836-269-8